현판, 역사를 담다
懸板逸話

시간의물레

■ **글쓴이**

박진형은 성균관대학교 한문학과 졸업 후, 홍익대 한문교육 석사 졸업, 명지대 문예창작 석사를 졸업하였다. 대표 논문으로는 「미수 허목의 전쟁관련 시 연구」가 있으며, 공동 번역서로 『원문과 함께 읽는 삼국사기 1, 2, 3』(2012)와 『판본비교 징비록』(2016), 『해사일기』(2018)가 있다.

현판, 역사를 담다
懸板逸話

| | |
|---|---|
| 초판인쇄 | 2021년 10월 25일 |
| 초판발행 | 2021년 10월 31일 |
| 저    자 | 박 진 형 |
| 발 행 인 | 권 호 순 |
| 발 행 처 | 시간의물레 |
| 등    록 | 2004년 6월 5일 |
| 주    소 | 서울시 은평구 증산로17길 31, 401호 |
| 전    화 | 02-3273-3867 |
| 팩    스 | 02-3273-3868 |
| 전자우편 | timeofr@naver.com |
| 블 로 그 | http://blog.naver.com/mulretime |
| 홈페이지 | http://www.mulretime.com |
| ISBN | 978-89-6511-371-3 (03910) |
| 정    가 | 15,000원 |

\* 이 책의 저작권은 저자에게 출판권은 시간의물레에 있습니다.
\* 잘못된 책은 바꿔드립니다.

잠깐 멈추면 보이는 한 줄의 역사
현판이 보여주는 소소한 이야기

# 현판 역사를 담다

박진형

## 책을 펴내며

이 책은 주변에서 쉽게 볼 수 있는
현판(懸板)에 담긴 이야기이다.

현판이란, "글자나 그림을 새겨 문 위나 벽에 다는 널조각"(『표준국어대사전』, 국립국어원)이라 정의하였다. 그런데 예전에는 현판(懸板)보다는 편액(扁額)이라는 말을 더 많이 사용하였는데, 지금은 편액이란 말은 어려운 한자어로 사멸되어 가고, 현판이란 말만 남아 대중화되었다.

그럼 편액(扁額)은 무엇일까?

"종이·비단·널빤지 따위에 그림을 그리거나 글씨를 써서 방 안이나 문 위에 걸어 놓는 액자"(『표준국어대사전』, 국립국어원)라고 정의하였다. 또, 『한국민족문화대백과』(한국학중앙연구원)은 "널빤지나 종이·비단에 글씨를 쓰거나 그림을 그려 문 위에 거는 액자"로 정의하였다.

이런 정의를 종합하면, 현판과 편액은 같은 의미를 가졌다고 볼 수 있다. 그래서 사람들은 따로 분리하지 않고 혼용하여 사용하기도 한다.

  한마디로 정의하면,

  현판(懸板)이란, 건물 정면의 문과 처마 사이에 그림이나 글씨를 써서 달아 놓은 액자라 말할 수 있다.

  편액(扁額)은, 중국 진(秦)나라에서 건물의 명칭을 써서 표시한 것에서 유래한다. 우리나라에서는 삼국시대 때 절의 건물에 명칭을 부여하면서 쓰기 시작하였다. 그리고 고려시대에 더욱 성행하였고, 특히 조선시대에는 그 쓰임이 민간의 영역까지 확대되어 사찰뿐만 아니라 궁궐이나 사대부의 개인 주택 그리고 명승지에 위치한 정자 등에 건물의 이름을 짓고 대자(大字, 큰 글씨)로 써서 걸어 놓고 즐기는 하나의 예술품이었다.

  현판에 쓰인 글자는 대부분 한자이기 때문에 한자 서체인 전서(篆書)·예서(隷書)·해서(楷書)·행서(行書)·초서(草書) 중에서 다양하게 사용하였으며, 최근에는 한글로 된 현판도 여러 곳에서 볼 수가 있다. 현판은 건물의 얼굴이라 할 수 있어 예로부터 건축물의 형태나 건물 주인의 성품에 맞는 글씨체를 선택하는 경우가 많았다.

  그리고 이러한 현판들은 그 당시의 이름난 서예가나 임금 또는 배움이 많은 학자 등이 썼고, 때로는 주인이 직접 썼다. 현판에 새기는 글씨의 뜻도 단순한 건물 명칭이 아니라, 건물의 형태나 주위환경 그리고 주인의 철학을 담아 썼기 때문에 집안의 가보로 여기는 경우가 많았다. 이렇듯 현판은 단순히 건물의 얼굴이 아니라, 현판 자체로 독자적인 의미가 있는 하나의 예술품이자 문화재가 되었다. 이렇게 당시에는 소중한 예술품이자 집안의 가보로 귀중한 대접을 받았지만, 지금은 천덕꾸러기로 전락하고 말았다.

건축물의 형태가 아파트와 같은 공동주택으로 바뀌고 한글시대를 맞아 새로운 건축물에는 더는 현판을 달지 않으며, 래미안·푸르지오·자이 등과 같은 건축회사의 상표명이 현판을 대신하게 되었다. 그저 건축물을 사고파는 자본의 상품으로 인식하기 때문에 생기는 일이다. 건물이 자본의 핵심으로 자리한 지금으로서는 예전과 같은 멋있고 철학이 담긴 현판은 이제 볼 수 없게 되었다. 매우 아쉽다.

이제는 만들어지지 않는 현판!

그래서 남아 있는 현판들이 더 소중하게 다가온다. 지금 남아 있는 현판만이라도 길이 보존하여 후대에 물려주어야 할 책임이 우리에게 있다.

내가 현판에 관심을 두기 시작한 계기는 전국 여러 곳의 이름난 누각과 고택에 걸려 있는 현판들이 홀대를 받는 것을 보면서부터다.

지금까지 남아 있는 전국의 현판은 예술품인 서예작품으로도 손색이 없다. 그리고 당대에는 최고의 예술품이었다. 그럼에도 아직까지 국보나 보물로 지정된 것은 하나도 없다. 오랜 역사를 지닌 현판이 걸린 건물이 국보나 보물로 지정된 것에 비하면 현판은 평가를 받지 못하고 있다.

분명 현판은 그 건물의 얼굴인데 어찌하여 홀대하고 방치를 하고 있는가?

정부에서 문화재로 지정한 건물, 그 건물에는 반드시 크고 작은 현판이 걸려 있다. 그러나 건물에 대한 자세한 소개와 안내는 있지만, 현판에 대한 설명은 전혀 없거나 간략하게 소개된 경우가 많다. 그리고 건축물을 설명하는 안내자들도 건물에 대해 자세한 설명은 하지만, 건물의 얼굴이라 할 수 있는 현판에 대해서는 언급조차 하지 않는 경우도 많다. 또 이런 무관심으로 세월에 찌들어 빛이 바랜 현판을 깨끗하게 닦거나 색을 다시 칠해 보존하는 경우도 드물다.

이런 식으로 홀대하거나 방치를 하면 과연 현판들이 얼마나 오랫동안 버티어 우리에게 감동을 줄 것인지 가늠이 되지 않는다. 얼마 가지 못할 것이다. 우리들의 소중한 문화유산이 사라지게 되는 것이다. 그래서 지켜내고 보존해야 할 명분과 당위성을 만들어야 한다.

우리는 현판을 보고 무슨 글자인지 읽어 내기도 쉽지 않은 시대에 살고 있다. 한자로 쓰여 있기 때문이다. 이런 우리에게 현판의 가치에 대해 이야기한다는 것도 정말 우스운 일이다. 하물며 서체가 무엇인지, 무슨 뜻을 담고 있는지, 누구의 필법을 배워서 썼는지 이런 것들을 논한다는 것도 현실적으로 어려운 일이 되었으며 알려고도 하지 않는다. 따라서 관심 밖으로 밀려난 현판을 되살리는 길은 보고 찾는 사람들에게 흥미를 주어야 한다. 자연스럽게 흥미를 갖게 되면 다음 단계로 발전하게 되고 궁극적으로 가치를 알아보게 될 것이다.

이 책에서 소개하는 15편의 현판 이야기가 독자들에게 흥미를 불러일으킬 수 있기를 기대한다.

명필 추사는 무슨 의미로 글씨를 써 주었을까?
공민왕이 썼다는 현판은 어떻게 오래도록 살아남을 수 있었을까?
원세개(袁世凱, 위안스카이)는 왜 망월사에 글씨를 남기고 갔을까?
궁금하다!

2021년 8월
박진형

## 차례

계룡산 산신각에 남긴 암행어사 현판 ·················· 11
    中嶽壇(중악단 ; 충남 공주시) - 이중하

은혜로운 빛이 세상에 넘치다 ·························· 23
    恩光衍世(은광연세 ; 제주도 제주시) - 김정희

대홍수의 수마(水魔)에도 살아남은 영험한 현판 ·········· 35
    映湖樓(영호루 ; 경북 안동시) - 공민왕

한 사나이의 욕망과 야망이 실현되다 ·················· 47
    龍宮寺(용궁사 ; 인천 영종도) - 흥선대원군

아름다운 인연, 전설 같은 일화 ························ 57
    望慕堂(망모당 ; 전북 익산시) - 주지번

대한민국 초대 대통령의 필력 ·························· 67
    洗馬垈(세마대 ; 경기 오산시) - 이승만

조선통신사가 일본에 남긴 글씨 ························ 81
    對潮樓(대조루 ; 일본 도모노우라) - 홍경해

대한문(大漢門)은 원래 대안문(大安門)이었다 ·········· 91
    大漢門(대한문 ; 서울 중구) - 남정철

망월사 현판엔 조선의 슬픈 역사가 새겨 있다 ·············· 109
　望月寺(망월사 ; 경기 의정부시) - 원세개

물이 흐르는 것 같은 신비스런 글씨 ···················· 121
　智異山泉隱寺(지리산천은사 ; 전남 구례군) - 이광사

'깨달음'의 경지에 이르다 ································ 129
　尋牛莊(심우장 ; 서울 성북구) - 유치웅

백범 김구도 달지 못한 불운한 현판 ···················· 141
　制勝堂(제승당 ; 경남 통영시) - 김영수

초라해진 사액현판 현충사 ······························· 159
　顯忠祠(현충사 ; 충남 아산시) - 숙종대왕

충과 효 외에 달리 할 일은 없느니라 ···················· 175
　忠孝堂(충효당 ; 경북 안동시) - 허목

굳은 의지를 다지는 피눈물의 현판 ···················· 189
　無忘樓(무망루 ; 경기 광주시) - 영조(추정)

■ 부록 : 더 보아야 할 현판 ······························ 201
■ 찾아보기 ··················································· 211
■ 참고문헌 ··················································· 216

계룡산 산신각에 남긴 암행어사 현판

## 中嶽壇 중악단

이 중 하 (李重夏)

충남 공주시 계룡면 신원사동길 1

충청남도 공주에 계룡산이라는 명산이 있다. 계룡산은 우리나라 산 중에서 가장 역사의 중심에 서 있는 산이다. 통일신라 때에는 신라오악(新羅五嶽) 중 서악(西嶽)으로 제사를 지냈으며, 고려시대에는 여러 사찰이 자리를 잡았고, 조선시대에는 국토를 상·중·하로 나누고 북쪽 묘향산에 상악단(上嶽壇)을 중앙의 계룡산에 중악단(中嶽壇)을 남쪽 지리산에 하악단(下嶽壇)을 세워 산신제를 올렸다. 그리고 조선 태조 이성계가 이곳에 도읍을 정할 정도로 최고의 명당 즉 길지로 꼽았다. 이밖에 각종 무속신앙과 신흥종교가 이곳을 중심으로 번창하였고, 무속인들의 최고의 기도처로 각광을 받았다. 특히 최고의 비기인『정감록』에서도 이 산을 십승지지(十勝之地)의 하나로 예언했을 정도로

영험을 지닌 명산으로 대접받았다. 『조선왕조실록』에도 계룡산이 명산이라는 기록이 보인다.

『고종실록』 21권(1884년, 고종 21년 6월 17일)

청풍지방의 유학(幼學) 김상봉이 올린 상소의 대략에, "또 삼가 생각건대, 명산대천에 제사를 지내 축원하는 것은 옛날의 명철한 임금들도 모두 행했던 것입니다. 우리나라의 백두산, 금강산, 지리산, 태백산, 계룡산 다섯 산은 다 나라를 수호하는 명산이니 지성으로 기도하면 나라의 명맥과 운수를 길게 할 수 있을 것입니다. 삼가 바라건대, 특별히 처분을 내리시어 신이 명산대천에 기도하는 것을 허락하신다면 기도하는 데 쓰이는 재물과 물자는 신이 직접 마련하여 다섯 산에 각각 100일씩 기도함으로써 미천하나마 국가의 은혜에 만분의 일이라도 보답하고자 합니다." 하니, 비답하기를, "상소를 보고 잘 알았다." 하였다.

清風幼學金商鳳疏略: "且伏念名山大川之禱祀祈祝, 古之哲王明辟, 亦皆行之. 我東之白頭, 金剛, 智異, 太白, 鷄龍五岳, 皆鎭國名山, 至誠禱祈, 則足以壽國脈祈天命也. 伏願特下處分, 許臣祈禱, 則所入奠幣之物, 臣請自當, 五山各以百日爲限, 以效微臣爲國家萬一之報. 云云." 批曰: "省疏具悉."

'中嶽壇(중악단)'은 충남 공주시 계룡면에 위치한 사찰 신원사(新元寺) 안에 있다. 국가보물 제1293호로 지정되었다. 영험한 계룡산 산신(山神)에게 제사를 지내기 위해 국가에서 설치한 제단이다. 이 제단은 무학대사의 꿈에 산신령을 보았다는 말을 듣고 태조 이성계가 1394년(태조 3년)에 이 신령님에게 제사를 지내려고 세운 산신각이었다. 이후 1651년(효종 2년)에 주자 성리학을 신봉하던 유학자들에 의해 미신으로 지목되어 제단은 폐사가 된다. 폐지된 제단을 다시 살린 사람이 있었다. 바로 명성황후이다. 1879년(고종 16년)에 명성황후의 명으로 제단을 다시 짓고 이름을 중악단이라고 했다. 그리고 직접 이 중악단에 행차하여 고종의 만수무강과 나라의 국운이 융성하기를 빌었다. 우리 민족의 토속신앙인 산신령에게 구원의 손을 내민 것이다.

중악단은 건축양식으로도 주목을 받고 있다. 명성황후의 명으로 지어진 건축물이라서 궁궐의 건축양식을 따랐기 때문이다. 건물은 본당과 중간문 그리고 대문을 일직선으로 배치하고 담장을 둘렀다. 이는 경복궁의 양식을 따른 것이다. 본당인 중악단은 다포식 팔작지붕으로 지붕 위 추녀마루에 잡상을 올렸고, 담장도 꽃담으로 둘러쳤다.

도성(서울) 밖에서 궁궐 양식의 건축물을 볼 수 있는 곳은 아마도 이곳이 유일할 것이다.

지금도 국내 유일의 왕실산신각으로 우리 고유의 토속신앙인 산신령을 모시고 나라의 평안과 왕실과 쓰러져 가는 나라를 바로 세우기 위해 노력했던 명성황후를 추도하며, 산신제를 지내고 있다.

이런 중악단 산신각에도 볼만한 것이 있으니, 바로 현판이다. '中嶽壇(중악단)' 현판은 조선 말기 안변부사와 충청도암행어사 그리고 규장각 제학을 지낸 이중하가 썼다.

중악단 현판을 자세히 보면 "辛卯直指御史 李重夏書"라 쓰여 있는 관지가 보인다. 즉, 신묘년에 직지어사 이중하라는 사람이 글씨를 썼다는 것이다. 이는 신묘가 1891년에 해당하고, 직지어사가 암행어사를 뜻하는 것이기 때문에 1891년(고종 28년)에 충청도암행어사로 파견된 이중하가 썼다는 내용이다.

현판의 글씨를 쓴 이중하는 우리 역사의 한 획을 그은 사람이지만, 암행어사의 신분으로 글씨를 남겼다는 점이 특히 이목을 끈다. 『조선왕조실록』에 이중하의 충청도암행어사의 행적이 보인다.

『고종실록』 29권(고종 29년, 1892년)
충청도 암행어사 이중하와 전라도 암행어사 이면상을 불러 만나보았다. 복명(復命)하였기 때문이다.

召見忠淸道暗行御史李重夏, 全羅道暗行御史李冕相. 復命也.

중악단 현판을 쓴 이중하는 매우 강직하고 청렴했던 인물이다. 1885년과 1887년에 안변부사로 있을 때, 청나라와 국경을 정하는 회담장에 나가 백두산정계비에 쓰인 토문강을 해석함에 있어, 청나라는 두만강이라 주장하였지만, 이중하는 송화강이라 주장하며 간도가 우리 땅임을 밝혔다. 그리고 청나라 관리 앞에서 "내 머리를 자를지언정 국경은 줄일 수 없다(吾頭可斷 國疆不可縮)"는 말을 하며 청나라 주장을 실패로 돌아가게 했을 정도로 강직한 성품을 지닌 사람이었다. 이런 강직한 성품을 지닌 이중하가 이조참의로 있던 1891년에 충청도암행어사로서 계룡산 신원사의 중악단에 현판 글씨를 남긴 것이다. 글씨를 보면 그 사람의 인품을 알아볼 수 있다고 하는데, 과연 큰 글씨임에도 매우 반듯하고 획이 많은 글씨임에도 획하나 빠뜨리지 않고 정확하고 정직하게 썼다. 글씨도 그의 성품을 나타내는 것 같다.

풍수적으로 중악단이 자리 잡은 곳은 재물과 인물 및 명예를 얻을 수 있는 곳이라고 풍문이 전해져 오고 있어 지금도 많은 사람들이 찾아와 기도를 올리고 있다.

중악단의 가치는 우리문화를 대변하는 유교·불교·도교를 아우른 문화재의 정수라 할 수 있다. 그리고 우리민족의 토속신앙인 산신을 모시는 기도처라는 데 있다. 앞으로 우리들이 소중하게 보존해야 할 문화유산임에 틀림없다.

## 이중하(李重夏) 1846년(헌종 12년) ~ 1917년

경기도 양평에서 출생하였으며, 호는 규당(圭堂), 탄재(坦齋)이다. 1882년(고종 19년) 증광문과에 병과로 급제하고 홍문관교리가 되었다. 1885년 39세에 통정공조참의를 거쳐 함경도 안변부사가 되었다. 안변부사로 있을 때, 토문감계사(土門勘界使)로서 조선정부 대표로 청나라 대표와 국경문제를 결정하는 담판을 벌였다. 서로의 의견차가 심하여 담판이 결렬되었고, 다시 1887년 토문감계사가 되어 회담에 나갔지만, 청나라 대표는 조선정부의 주장을 거절하고 강압과 위협을 가하였다. 이에 "내 머리는 자를 수 있을지언정 국경은 줄일 수 없다.(吾頭可斷 國疆不可縮)"며 끝내 양보하지 않았다.

안변부사로 감계(국경)담판의 큰일을 마치고 승정원 부승지에 올라 왕명을 출납하였고, 이조참의, 충청도암행어사를 거쳐 공조참판과 평안도관찰사, 경상북도관찰사를 거치면서 선정을 베풀었다. 장례원경을 거쳐 종1품인 규장각 제학에 올랐다.

제학으로 있을 때 한일합병조약에 극렬히 반대하였지만, 1910년 한일합병이 되자, 나라를 지키지 못한 것을 크게 책망하며 고향인 양평으로 낙향했다. 합병 후 조선총독부에서 '후작' 작위와 은사금 '삼천원'을 주고자 하였으나, "도둑이 내리는 작위를 어찌 내가 받을 것인가"하고 받지 않았다. 낙향 후 저술에 힘쓰다 고향에서 사망하였다. 지방관으로 있을 때 매우 청렴하고 강직한 인품으로 이름이 높아 선정비가 많이 세워졌다. 저서로 『규당문집(圭堂文集)』, 『감계전말(勘界顚末)』, 『감계일기(勘界日記)』 등을 남겼다.

## 영세불망비(永世不忘碑)

영세불망비(永世不忘碑)란, 선정(善政)이나 선행(善行) 등의 사실을 후세 사람들이 영원히 잊지 않도록 기록하여 세우는 비석을 말한다. 이 비는 대부분 조선시대에 건립되었으며, 지금 남아 있는 비도 주로 조선후기 때 건립된 것이다. 이런 불망비는 지방에서 선정을 베푼 지방관이나 훌륭한 선행을 한 사람들을 잊지 않겠다는 뜻으로 지역민들이 세워주는 것이 관례였다. 하지만 조선후기로 오면서 도덕과 정치가 문란해지고, 매관매직으로 지방관이 된 사람들이 스스로 세우는 경우도 있었다. 비석을 세우는 장소도 관청 앞이나 동네 어귀 또는 향교 등 사람들의 눈에 잘 보이는 곳에 설치하였다.

중악단(中嶽壇) 현판을 쓴 이중하도 불망비가 매우 많이 남아 있다. 전국에 그에 관한 불망비나 선정비가 74개나 있었다고 한다. 특히 충청도 암행어사 시절에 선정을 베풀어 이에 대한 불망비가 많이 세워졌는데, 지금도 충청도 여기저기에 그의 암행어사 영세불망비가 남아 있다.

이중하의 불망비 중 특별히 암행어사 영세불망비가 많이 남아 있다는 것은 그의 강직하고 청렴한 인품을 보여준다고 할 수 있다. 암행어사로서의 임무인 억울한 백성을 위해 세금을 감면해 주거나 구휼을 베푼 증거가 되는 것이다.

지금 충청도에 남아 있는 이중하의 암행어사 영세불망비는 처음에 세워진 자리에 남아 있지 않고 대부분 옮겨졌다. 비가 세워진 자리가 도시화 되고 도로가 확충되면서 그 지역의 다른 비석들과 함께 한적한 곳으로 옮겨 세워져 있다. 예전만큼의 위상을 찾아보기가 어렵게 된 것이다.

## 이중하의 암행어사 영세불망비

비명 : 暗行御史李公重夏永世不忘碑(암행어사이공중하영세불망비)
위치 : 충청남도 공주시 신관동 공주대교 북단 교차로 공원 내
특징 : 6개의 비가 나란히 서 있으며, 가운데 선정비 하나에 불망비 다섯이 있다.

비명: 暗行御史李公重夏永世不忘碑(암행어사이공중하영세불망비)

위치: 충청남도 서천군 비인면 비인로 142(비인면 성내리 151) 비인중학교 앞


비명: 御史李公重夏永世不忘碑(어사이공중하영세불망비)

위치: 충청남도 서산시 읍내동 482-1 서산시청 앞

특징: 이중하의 영세불망비를 비롯하여 27개의 비석이 있는 비석군으로 서산시 곳곳에 있는 것들을 모아 놓았다.

비명: 暗行御史李公重夏永世不忘碑(암행어사이공중하영세불망비)
위치: 충청남도 서천군 서천읍 군청로 57(군사리 356-3) 서천군청 앞
특징: 이중하의 영세불망비를 비롯하여 물 관리를 잘 한 구봉서 군수의 불망비 등이 세워져 있다.

비명: 暗行御史李公重夏永世不忘碑(암행어사이공중하영세불망비)
위치: 충청남도 아산시 신창면 서부남로840번길 26(읍내리 310) 신창초등학교 주차장

비명: 暗行御史李公重夏永世不忘碑(암행어사이공중하영세불망비)
위치: 충청남도 예산군 오가면 역탑리
특징: 9개의 비석군으로 이중하의 영세불망비를 포함하여 불망비 3기, 선정비 1기, 공덕비 1기, 기념비 4기 등이다.

비명: 暗行御史李公重夏去思碑(암행어사이중하거사비)
위치: 충청남도 서천군 서천읍 군사리 서림어린이집 내

# 은혜로운 빛이 세상에 넘치다

## 恩光衍世 은광연세

김 정 희(金正喜)

제주특별자치도 제주시 산지로 7 김만덕기념관 소장

1840년(헌종 6년) 한양에서 제주도로 유배 온 양반이 있었다. 추사 김정희이다.

추사는 김만덕의 선행에 감동하여 '恩光衍世(은광연세 : 은혜로운 빛이 세상 곳곳에 빛나리라)'라는 현판을 김만덕의 양손자인 김종주에게 써 주었다. 추사는 현판을 써 준 연유를 편액 왼쪽의 낙관에 해서체(楷書體)로 기록하였다. 이 내력에는 한 여인의 기막힌 이야기가 숨겨져 있다.

金鐘周大母大施島饑 被殊異之恩至入金剛山 搢紳皆紀傳歌詠之 古今罕有也 書贈此扁以 表其家

"김종주의 대모가 섬에 기근이 들자 크게 베풀었다. 이것으로 특별한 은혜를 입어 금강산을 유람하였다. 벼슬아치들이 모두 칭송하는 노래를 읊고 전하였다. 예나 지금이나 드문 일이다. 이 편액을 써 주어 그 집안을 드러내고자 한다."

이 편액은 2010년 5월 1일 경남 마산에 거주하고 있던 김균(6대손)이 '사단법인 김만덕기념사업회'에 기증하여 현재 김만덕기념관에 전시되어 있다. 글씨는 예서체(隸書體)이다.

김만덕(金萬德)은 김해김씨로 1739년(영조 15년)에 제주시 구좌읍 동복리에서 김응렬의 삼 남매 중 막내딸로 태어났다.

어려서 부모가 전염병으로 모두 돌아가시자 두 오빠는 친척

집으로 가고, 만덕은 외가로 가게 되었다. 그런데 외가의 사정도 여의치 않아 기생 월중선(月中仙)에게 보내져 11살에 기생이 되었다. 만덕은 용모도 아름다웠지만 매우 총명하였다. 23세가 되던 해에 기생에서 풀어 줄 것을 호소하였지만 거절당했다. 그러나 만덕은 뜻을 굽히지 않고 계속해서 제주목사를 찾아가 호소하였다. 호소하면서 이렇게 말했다.

"본래 양민 출신이었으나 전염병으로 부모를 잃고, 가난 때문에 부득이 기생이 되었습니다. 조상님께 부끄러우니 다시 양민으로 돌아가게 해 주신다면 집안을 일으키고 불쌍한 사람들을 돕겠습니다."

라고 하였다. 이에 감동한 목사가 기생에서 풀어주고 양민으로 돌아가게 하였다. 양민으로 돌아온 만덕은 결혼도 하지 않고, 건입포에 객줏집을 차려 오로지 재산을 증식하는 데에만 모든 일을 쏟아부었다. 그가 차린 객줏집에서는 숙박뿐만 아니라, 상품을 판매하는 중개업과 상품값이 쌀 때 사 모았다가 비쌀 때 판매하는 방식으로 부를 축적하였다. 이렇게 막대한 재산을 모은 만덕에게 드디어 기회가 왔다. 제주목사 앞에서 가난하고 불쌍한 사람을 돕겠다고 한 다짐을 실천할 기회가 온 것이다. 1794년(정조 18년)에 태풍이 불어 제주를 휩쓸고 지나갔으며, 설상가상으로 1795년(정조 19년)에는 '갑인흉년'이라 불릴 만큼 아주 큰 흉년이 들었다. 이 흉년은 제주도 인구가 전년에 비해 70%나 줄어들 정도로 막대한 피해를 입혔다. 봄부터 시작된 대기근으로 제주목사가 조정에 도민을 구제할 진곡(賑穀)을 요청하였지만, 진곡이 제주도에 도착하기도 전에 곡식을 실은 배가 침몰하였다. 이 안타까운 소식을 들은 만덕은 그동안 모은 재산을 내어 육지에서 곡식을 사들여 제주도로 운송해 왔고, 그 곡식을 관아에 보내어 기근에 허덕이는 백성들을 구휼하도록 하였다.

이에 감동한 제주목사가 조정에 이 사실을 보고하였다. 보고를 받은 조정에서 다시 임금(정조)에게 알리니, 임금이 회답하기를

"만덕의 소원을 들어 그 소원을 들어주기가 어려운 것이거나 쉬운 것이거나 따지지 말고 특별히 시행하라"

하였다. 제주목사가 만덕을 불러서 소원을 물으니 대답하기를,

"다른 소원은 없으나 오직 한 가지 서울에 가서 임금님이 계신 궁궐을 우러러보는 것과 천하의 명산 금강산을 구경할 수 있다면 죽어도 한이 없겠습니다."

하였다. 하지만 제주도의 여자는 국법으로 육지에 나가는 것

을 금지하고 있던 때였다. 고민하던 목사가 이 사실을 임금님께 아뢰니 제주를 떠나 육지로 나가는 것을 허락하고 상경하는 데 필요한 모든 것을 특별히 제공하라고 하였다는 이야기는 『조선왕조실록』에도 보인다.

『정조실록』 정조 20년(1796년, 11월 25일)
제주(濟州)의 기녀 만덕(萬德)이 재물을 풀어 굶주린 백성들의 목숨을 구하였다고 목사가 보고하였다. 상을 주려고 하자, 만덕이 사양하면서 바다를 건너 서울로 올라와 금강산을 유람하기를 원하여 이를 허락하였다. 그리고 서울로 올라오는 길의 고을들이 만덕에게 양식을 지급하게 하였다.

濟州妓萬德, 散施貨財, 賑活饑民, 牧使啓聞. 將施賞, 萬德辭, 願涉海上京, 轉見金剛山, 許之, 使沿邑給糧.

김만덕이 궁궐이 있는 서울로 올라온 것은 1796년(정조 20년) 가을이었다. 상경하여 먼저 두 번이나 좌의정 채제공(蔡濟恭)을 뵈었으며, 채제공의 배려로 임금님에게 아뢰어 선혜청(宣惠廳)에서 숙식을 돌보아 주도록 하였다. 하지만 여자의 몸으로 임금님을 찾아뵙는 것은 문제가 있었다. 임금의 여자가 아니고서는 궁궐을 드나들 수 없었기 때문이었다. 결국 꾀를 내어 김만덕에게 내의원의 행수내의녀(行首內醫女)라는 벼슬을 내리고, 궁의 내합문으로 들어가 임금을 배알할 수 있게 하였다. 임금

을 뵙고 인사를 하니, 전교(傳敎)하기를,

"너는 한낱 여자의 몸으로 의기(義氣)를 내어 굶주린 사람 천 백여 명을 구제하였으니 기특한 일이로다"

하고 상을 후하게 내렸다. 만덕은 그해 겨울은 서울에서 머물렀고 다음 해 3월에 두 번째 소원인 금강산에 들어가 기암절벽과 멋진 풍광을 두루 유람하고 사찰도 찾아 공양하였다. 금강산 유람을 마치고 다시 서울로 돌아온 만덕은 제주도로 귀향하기 위해 임금님을 찾아뵙고 인사를 하자 또 상을 내렸다. 이와 같은 김만덕의 이야기가 서울 안에 널리 퍼지게 되었고, 만덕을 보고 싶어 하는 사람들이 많았다. 만덕은 제주도로 돌아오기에 전에 채제공에게 작별 인사를 하였는데, 그 자리에서 만덕의 일화를 쓴 『만덕전(萬德傳)』이라는 책을 건네주었다.

제주도에 유배 온 추사 김정희가 김만덕의 이런 일화를 듣고 감동하여, 그의 선행이 대대손손 알려지도록 편액을 써서 후손에게 주었다. 당대 최고의 명필인 추사 김정희가 심혈을 기울여 썼다는 편액, '恩光衍世'(은혜가 빛이 되어 세상 곳곳에 빛 나리라) 이 편액으로 세상 곳곳에 김만덕의 은혜가 빛나고 있는지도 모르겠다.

## 김정희(金正喜) 1786년(정조 10년) ~ 1856년(철종 7년)

호는 완당(阮堂)·추사(秋史)이며, 1786년(정조 10년) 충청도 예산에서 출생하였다. 어릴 때 큰아버지 김노영의 양자로 입양되었다.

1810년 아버지 김노경이 청나라에 사신으로 갈 때 자제 군관으로 따라가서 청나라 최고의 학자 옹방강(翁方綱), 완원(阮元) 등과 교류하며 고증학을 배우고 돌아왔다. 1819년(순조 19년) 과거에 급제하고 세자시강원설서를 시작으로 여러 벼슬을 지내다가 1836년(헌종 2년)에 성균관대사성과 병조참판까지 벼슬이 올라갔다. 1840년(헌종 6년)에 윤상도의 옥사에 연루되어 제주도에 유배되었다. 유배된 지 9년 만에 풀려났으나, 다시 1851년(철종 2년)에 영의정 권돈인(權敦仁)의 예론(禮論)에 연루되어 함경도 북청으로 유배되었다가 2년 후 풀려났다. 유배에서 풀려난 후 벼슬길에 나가지 못하고 그의 아버지의 묘소가 있는 과천에 은거하면서 서화와 불교공부에 몰두하다 생을 마감했다.

서예에 뛰어나 추사체를 창안했으며, 그림에서도 선비의 문인화풍을 강조하여 조선 말기 화단에 큰 영향을 주었다. 추사가 평생동안 벼루 열 개에 구멍을 내고 붓 천 자루를 닳게 할 정도로 서예에 많은 노력을 했다.

## 김만덕(金萬德) 1739년(영조 15년) ~ 1812년(순조 12년)

어린 나이에 부모와 사별하고 가난으로 11살에 기생이 되었다. 성인이 된 후 직접 제주목사에게 호소하여 다시 양인이 되었다. 양인이 된 후 제주에 객줏집을 차려 큰 부자가 되었다. 1790년부터 몇 년간 제주에 흉년이 들어 사람들이 기아에 허덕이게 되자, 그동안 모은 돈으로 육지의 곡식을 구해 사람들을 구휼하였다. 이 소식이 조정에 알려지게 되고, 임금 정조는 그녀의 소원을 들어주라 명하였다. 소원은 금강산을 유람하는 것과 대궐을 구경하는 것이었다. 좌의정 채제공의 도움으로 제주도의 여인은 제주도를 떠날 수 없었다는 규율을 뛰어넘어 예외적으로 육지로 나와 대궐을 구경하고, 임금을 뵙고, 금강산을 유람한 후 제주도로 돌아왔다. 1812년(순조 12년)에 사망하였다. 사망한 지 30여 년이 지난 1840년(헌종 6년)에 추사 김정희(金正喜)가 제주도에 유배를 와서 김만덕의 이야기를 듣고, 김만덕의 양자인 김종주(金鍾周)에게 '은광연세(恩光衍世)'라는 편액을 써 주었다.

# 김만덕 비문

　1812년(순조 12년)에 세워진 김만덕의 묘비는 원래 제주시 건입동 709-13번지 안전자동차공업사 자리에 있었으나, 제주시가 커지면서 1977년에 지금의 자리(모충사, 건입동 426)로 옮겨졌다. 묘 앞에 세우는 묘비도 이때 옮겨졌는데, 애석하게도 지금은 묘 앞에 있지 않고 조금 떨어진 전시관 옆(건입동 387-4)에 있다. 비석은 높이 96cm, 가로 48cm, 세로 44cm, 두께 13cm이며 현무암으로 만든 좌대 위에 세워져 있다.

 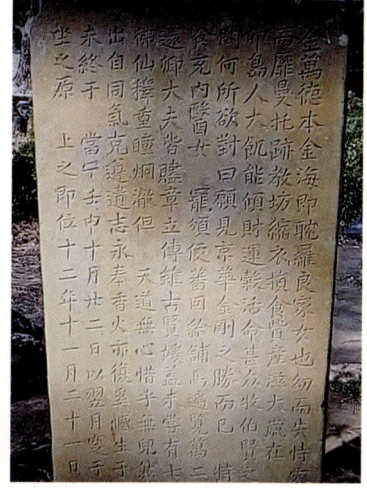

## 行首內醫女金萬德之墓 행수 내의녀 김만덕의 묘

**金萬德本金海卽耽羅良家女也**
김만덕의 본은 김해이며 탐라의 양갓집 딸이다.

**幼而失怙 零丁貧苦**
어려서 부모를 여의고 가난으로 고통스럽게 의지할 곳 없이 자랐다.

**長而曼托跡敎坊 縮衣損食 産滋大歲在**
성장하여 아름다워지자 교방에 맡겨졌으나, 의복과 먹을 것을 줄여서 재산을 크게 모았다.

**正宗祖乙卯 島人大飢 能傾財運穀 活命甚☐**
정조 을묘년에 섬사람들이 크게 굶주렸는데, 마땅히 재산을 내어 육지에서 곡식을 운반하여 많은 사람의 목숨을 살렸다.

**牧伯賢之以聞 上問何所欲**
제주목사가 이 사실을 임금께 보고하니 소원이 무엇이냐고 물으셨다.

**對曰 願見京華金剛之勝 而已特命縣次續食**
대답하기를, 화려한 서울과 금강산을 보는 것입니다. 임금이 특별히 명령하여 서울로 올라오는 길에 이 고을에서 다음 고을로 이어져 음식을 대접하라고 하였다.

**充內醫女 寵分頁便蕃**
내의원 의녀로 충원하여 여러 번 최고의 편의로 은총을 베풀어 주었다.

**因舍甫馬遍覽萬二千峰**
역마를 내주시어 금강산 일만이천봉을 두루 유람하였고

**及其還 卿大夫 皆 章立傳**
마침내 서울로 돌아오니 공경대부 모두가 글과 전기문을 써 주었다.

雖古賢媛 盖未嘗
비록 옛날의 어질고 아름다운 여인이라도 모두 다 이같이 맛보지 못한 일이다.

七旬顔髮 彷彿仙釋 重瞳炯澈
일흔이 된 용모이지만 선녀나 보살을 방불케 하였고 눈은 쌍겹으로 밝고 맑았다.

但天道無心 惜乎無兒
단지 하늘도 무심하여 자식이 없는 게 애석하도다.

然養孫時采 出自同氣 克遵遺志 永香火亦復奚憾
그러나 양자의 손자인 시채가 동기간에서 나왔으므로 만덕의 유지를 잘 지키고 영구히 제사를 받드니 또한 섭섭하지 않을 것이다.

生于元陵己未 終于當
원릉(영조) 기미년(영조 12년)에 태어나고 지금 임금(순조) 때에 죽었다.

以翌月 于 園旨 甲坐之原
다음 달에 원지에 묻으니 갑좌의 무덤이다.

上之卽位十二年 十一月二十一日立
　임금(순조)이 즉위 한 12년 11월 21일에 비를 세우다.

대홍수의 수마(水魔)에도
살아남은 영험한 현판

## 映湖樓 영호루

공 민 왕(恭愍王)

경상북도 안동시 강남로 187-5

'映湖樓(영호루)' 현판은 고려 31대 공민왕이 쓴 글씨로 지금까지 남아 있는 현판 중에서 가장 오래된 것 중의 하나이다.

예로부터 안동의 '영호루'는 밀양의 '영남루(嶺南樓)', 진주의 '촉석루(矗石樓)' 그리고 남원의 '광한루(廣寒樓)'와 함께 한강 이남의 대표적인 누각으로 불려왔다. 영호루의 창건에 관한 기록은 문헌에 전하지 않아 언제 건립하였는지는 알 수가 없다. 그러나 천여 년 동안 영호루라는 이름이 기록으로 전하고 있어, 아주 오래전에 건립되었다는 것을 알 수 있다. 영호루는 안동의 낙동강 변에 위치하고 있어 경치가 매우 뛰어났지만 언제나 강물의 위협이 있었다. 그래서 강에 홍수가 나면 여러 번 영호루가 통째로 강물에 휩쓸려 떠내려가곤 했다. 홍수로 파괴된 영호루는 매번 중수를 거쳐 지금까지 살아남았지만, 애석하게도 지금은 예전의 목조누각은 없어지고 철근 콘크리트 누각으로 남아 있다. 정면 5칸, 측면 4칸 규모의 팔작지붕으로, 북쪽 면에는 공민왕의 현판을 걸었고, 남쪽 면에는 박정희 대통령이 쓴 한글 현판을 걸어 놓았다. 누각 내부에는 1934년 홍수 때 유실되었다가 다시 찾은 편액들과 새로 복원한 시판(詩板) 편액들을 달아 놓았다. 현재 내부의 편액은 시판이 12점이고, 제영 1점과 현판 2점이 있다.

『영가지(永嘉誌)』*에 의하면,

1361년 고려 공민왕(恭愍王) 10년에 중국의 홍건적이 고려로 침략해 왔다. 개경이 함락될 위급한 상황이 되자, 공민왕이 안동(옛 이름은 복주福州)으로 피난하였다. 피난 온 왕은 적적한 마음을 달래기 위해 자주 남문 밖의 영호루를 찾았으며, 때로는 누각 밑의 강물에 배를 띄워 풍류를 즐기기도 하였다. 또 강가 모래밭에서 활쏘기 대회도 하였다고 한다. 난리가 진압되어 개경으로 돌아온 왕은 지난날 피난 온 왕을 기쁘게 맞이하고 안전하게 보살펴준 안동 사람들을 잊지 못해 안동을 대도호부(大都護府)로 승격시켰다. 그리고 영호루를 잊지 못하여 친필로 '映湖樓'라고 쓴 금자현판(金字懸板)을 보내어 영호루에 달게 하였다고 한다.

> *『영가지(永嘉誌)』는 1608년(선조 41년)에 권기(權紀)가 편찬한 경상도 안동지방의 읍지. 8권 4책. 목판본. 영가(永嘉)는 안동의 고려시대 때의 이름이다. 영가지는 권기 등이 1602년에 스승인 류성룡(柳成龍)의 뜻을 받아 편찬하기 시작했으나 류성룡의 죽음으로 중단되었다가, 여러 읍지를 편찬한 정구(鄭逑)가 안동부사로 부임하면서 그의 후원으로 1608년에 권기를 비롯한 10인이 편찬하였다.

영호루의 현판이 사람들에게 널리 알려지게 된 것은 홍수로 인해 여러 번 잃어버릴 위급한 상황에서도 살아남았다는 데에 있다. 이에 대한 기록이 여기저기 많이 보인다.

1547년(명종 2년)에 대홍수가 발생하여 영호루 누각이 유실되었고, 현판도 강물에 떠내려가 600리나 떨어진 김해에서 발견되었다. 이후 1552년(명종 8년)에 안동부사(安東府使) 안한준(安漢俊)에 의해 다시 중창(重創)하면서 찾은 현판도 다시 걸었다.

또 1775년(영조 51년)에 다시 영호루에 홍수가 나서 누각이 유실되었지만, 현판은 보존되었고, 1788년에 안동부사 신맹빈(申孟彬)에 의해 다시 중건되었다. 이렇게 두 번이나 중건된 영호루는 1792년(정조 15년)의 홍수 때 또다시 유실되어, 1796년에 안동부사 이집두(李集斗)가 중건하였다. 그리고 1820년에는 안동부사 김학순(金學淳)에 의해 중수되기도 하였다. 이후 100여 년 동안 그 위용을 자랑하며 안동의 관문으로서의 역할을 충실히 하였다. 마지막으로 누각과 현판이 유실된 것은 1934년의 대홍수 때였다. 이때 유실된 현판은 남쪽으로 떠내려가 구미 부근의 낙동강 변에서 수개월 만에 다시 찾을 수 있었다. 이때가 일제강점기 시대라 누각은 중건되지 못하였다. 그러다 마지막으로 중건된 것은 1970년에 있었다. 중건은 안동시민들이 1969년 12월 〈영호루 중건 추진 위원회〉를 조직하여, 영호루가 있던 자리에서 강 건너편 언덕인 정하동(亭下洞)에 다시 새롭게 세웠다. 이때가 1970년 11월이며, 지금에 이르고 있다.

새롭게 세워진 영호루는 위치까지 바꾸면서 진행되었다. 원래 있던 자리에서 강 건너편 언덕으로 옮겨 중건하면서 목조 누각이 아닌 철근 콘크리트 누각으로 변모되었다. 영호루의 현판도 누각의 북쪽 면에는 공민왕의 현판(모사본)을 걸었고, 남쪽 면에는 박정희 대통령이 한글로 쓴 현판을 걸었다.

세 번이나 큰 홍수에 유실되고도 다시 살아남은 영호루 현판! 이를 두고 사람들은 공민왕의 영험함을 징험한다고 말을 한다. 공민왕은 고려 31대 왕으로 원나라 세력을 몰아내고 자주권을 되찾았으며, 영토를 확장하였고, 예술적 재능도 뛰어나 〈천산대렵도〉를 남겼다. 특히 큰 글씨를 잘 써서 지금까지 몇 점의 큰 글씨가 남아 있다. 영호루 현판도 그중의 하나이다.

죽어서 신(神)이 된 왕 공민왕! 그가 썼다는 현판 영호루!

이 영호루 현판을 보면, 위대한 인물의 손길이 닿거나, 또는 그와 관련된 것이 비록 사물이라 하더라도 신기(神奇)함을 갖게 된다는 이야기가 맞는 것 같다.

## 공민왕(恭愍王) 1330년 ~ 1374년

고려 제31대 왕, 인문의무용지명열경효대왕(仁文義武勇智明烈敬孝大王). 친 원나라 세력을 제거하고 개혁 정치를 추진한 임금. 충숙왕의 둘째 아들로 이름은 기(祺)이며, 1351년 왕위에 올라 중국의 원명교체라는 혼란한 정세의 변동을 효과적으로 이용하여 고려의 중흥을 꾀하는 많은 개혁을 시도하였다. 그러나 1365년 왕비인 노국대장공주가 죽자 실의에 빠져 모든 국사를 신돈에게 맡기고 정사를 소홀히 하였다. 그림과 글씨에 뛰어나 고려의 대표적 화가 중 한 사람으로 불린다. 특히 큰 글씨를 잘 써서 곳곳에 여러 작품이 남아 있다.

# 옛 문헌의 영호루

영호루 현판(원본), 안동시립민속박물관 소장

### ① 『고려사절요』

12월 임진일에 왕이 복주(福州, 안동)에 이르렀다. 왕이 영호루(映湖樓)에 거둥하여 오래도록 경치를 바라보다가, 잠시 누각에서 내려와 배를 타고 즐기자, 이를 구경하던 사람들이 줄지어 늘어서고, 혹은 돌아서서 탄식하는 사람들도 있었다.

十二月壬辰, 王, 至福州.
幸映湖樓, 觀望良久, 旣而下樓, 乘舟遊賞, 觀者如堵, 有返袂興嗟者.

### ② 『조선왕조실록』

『세종실록』 150권, 地理志 慶尙道 安東大都護府

영호루(映湖樓): 부치(府治) 남쪽에 있는데, 큰 강을 굽어보고 있다. 고려 공민왕이 올라가 보고 '영호루'라는 큰 글자 석 자를 써서 편액(扁額)을 만들었는데, 필력(筆力)이 힘차서, 보는 사람들이 우러러본다.

映湖樓: 在府治南, 俯臨大川. 高麗 恭愍王登覽, 大書映湖樓三字, 以爲扁額. 筆力遒健, 觀者敬仰.

『명종실록』 6권, 명종 2년(1547년 7월 5일)

경상도 감사 임호신(任虎臣)이 치계하였다. "김해(金海)에 큰물이 불어 넘쳐서 민가 4백 54채가 떠내려갔고, 익사한 사람이 8명, 압사한 자가 2명이었으며, 안동 영호루(映湖樓)의 액자(額字) 현판(懸板)이 경내(境內)의 강어귀에 떠 있는 것을 건졌고, 용궁(龍宮)의 객사(客舍)·관청(官廳)·형옥(刑獄)·마구(馬廐)가 물에 잠기고 인가 20여 채가 떠내려갔으며, 함안(咸安)에서는 민가 1백 48채가 물에 잠겼고, 영산(靈山)에서는 민가 2백 3채가 침몰되고, 창원(昌原)에서는 인가 1백 40채가 물에 잠겼고 1백 80여 채가 떠내려갔습니다."

慶尙道監司任虎臣馳啓曰: "金海大水漲溢, 民家四百五十四區漂流, 人之溺死者八名, 壓死者二名. 安東映湖樓額字懸板, 境內江口, 浮泊拯出. 龍宮客舍·官廳·刑獄·馬廐水沈, 人家二十餘區漂流. 咸安民家一百四十八區水沈, 靈山民家二百三區沈沒, 昌原人家一百四十區水沈, 一百八十餘區漂流."

## ③『신증동국여지승람』

### 제24권 안동대도호부 누정(樓亭) 영호루(映湖樓)

부의 남쪽 5리에 있다.
공민왕이 남쪽으로 거둥하여 복주(福州)에 이르렀다. 드디어 영호루(映湖樓)에 나가서 배를 타고 유람하고, 또 강가에서 활 쏘기를 즐겼다.
在府南五里
恭愍王南狩至福, 幸映湖樓, 遂乘舟遊賞, 仍射於湖邊

백문보(白文寶)의 금방기(金牓記)에,
"하루는 고을의 영호루(映湖樓)에 거둥하여, 기쁜 마음을 시원스럽게 펼쳤었다. 경도(京都)에 돌아간 뒤에는 멀리 생각함을 그치지 못하였다. 한가한 날에 친히 붓을 잡고 누(樓)의 현판(懸板)으로 쓸 큰 글씨 석 자(字)를 써서 하사하여 그 누에 달게 하였다."
一日出御州之映湖樓, 暢敍賞心, 旣還京, 遐想不已. 暇日親締筆硯, 作樓牓三大字, 賜揭其樓.

이색(李穡)의 찬(讚)과 그 서문(序文)에, "병오년 겨울에 임금이 서연(書筵)에서 영호루(映湖樓)라는 석 자(字)를 큰 글씨로 써서, 정순대부 상호군(正順大夫上護軍) 신(臣) 흥경(興慶)에게 명하여 왕지(王旨)를 전달하고, 봉익대부(奉翊大夫) 판전교시사(判典校寺事)

신(臣) 사복(思復)을 불러서 면전에서 글씨를 주었다."
李穡讚序：歲丙午冬, 上在書筵, 大書 '映湖樓' 三字, 命正順大夫, 上護軍臣興慶傳旨, 召奉翊大夫, 判典校寺事臣思復入面授之.

고려 권사복(權思復)의 시에, "세 글자의 어필(御筆)이 금빛으로 물에 비치니, 한 갈피의 좋은 경치에 비단 위의 꽃처럼 광채를 더 한다."
高麗權思復詩：三字御書金照水, 一區仙境錦添花.

김종직(金宗直)의 기(記)에, "고려 공민왕이 홍건적(紅巾賊)을 피하여 남쪽으로 달아나다가 이 고을에서 거가(車駕)를 멈추고, 이 누(樓)에서 노닐면서 즐기다가 개경으로 돌아간 뒤에 서연(書筵)에 납시어 직접 누의 현판으로 큰 글씨 석 자(三字)를 써서 하사하였다. 이 고을 사람인 통판(通判) 신자전(申子展)이 누를 더 크게 하여 현판을 걸었는데, 지금까지 지붕과 마루 사이에서 빛나고 있다"
金宗直記：高麗恭愍王避紅巾南奔, 駐蹕于州, 遊是樓而樂之, 旣還都, 御書筵, 手寫樓額三大字以錫. 州人通判申子展增大樓制以揭之, 至今輝映于甍棟間.

### 이색(李穡): 1328년(충숙왕 15년) ~ 1396년(태조 5년)

고려 말의 대학자. 자는 영숙(穎叔), 호는 목은(牧隱), 시호는 문정(文靖). 아버지는 찬성사 이곡(李穀)이며 이제현(李齊賢)의 문인이다. 1341년(충혜왕복위 2년)에 과거에 합격해 진사(進士)가 되고, 1348년(충목왕 4년)에 원나라에 가서 국자감(國子監)의 생원(生員)이 되어 성리학을 연구하고 돌아왔다. 공민왕 때 문하시중을 지냈으며, 성리학 발전에 크게 기여하였다. 포은(圃隱) 정몽주(鄭夢周), 야은(冶隱) 길재(吉再)와 함께 고려의 삼은(三隱)으로 일컬어진다. 문하에 권근, 김종직, 변계량 등 뛰어난 제자들을 배출하여 학문과 정치에 커다란 업적을 남겼다. 저서로 『목은문고(牧隱文藁)』, 『목은시고(牧隱詩藁)』 등이 있다.

### 김종직(金宗直): 1431년(세종 13년) ~ 1492년(성종 23년)

성리학적 정치질서를 확립하려 했던 사림파의 스승이다. 호는 점필재(佔畢齋). 1459년(세조 5년) 식년문과에 급제하고, 승문원 박사로 예문관 봉교를 지내다 외직으로 함양군수와 선산부사로 나가 많은 제자를 길렀다. 세조의 즉위를 비판한 〈조의제문弔義帝文〉을 지었는데, 그의 제자인 김일손이 사관으로 사초에 이를 수록하여 무오사화를 일으키게 했으며, 부관참시(剖棺斬屍) 당하였다. 이 무오사화로 사림파들의 정계 진출이 좌절되고 후퇴를 가져왔다. 김굉필(金宏弼)·정여창(鄭汝昌)·이승언(李承彦)·홍유손(洪裕孫)·김일손(金馹孫) 등 여러 명의 제자가 있다.

# 한 사나이의 욕망과 야망이 실현되다

## 龍宮寺 용궁사

흥선대원군(興宣大院君)

인천광역시 중구 운남로 199-1

　첨단시설을 자랑하는 국제공항을 품고 있는 대한민국에서 가장 현대화된 섬이 지금의 영종도이다. 세계 어느 섬들보다도 뛰어난 시설과 시스템을 자랑하는 국제화된 잠들지 않는 섬이 된 것이다.

　예전에는 섬에 제비가 많아서 '자연도(紫燕島)'라 불렀다. 이 섬은 1992년 11월 인천국제공항의 건립을 위해 인접한 용유도·삼목도·신불도의 3개 섬 사이의 갯벌을 매립하면서 하나의 큰 섬이 되었다. 그리고 '영종용유도'라 이름 지었다.

　이 섬 안에 고색한 절이 있으니 바로 '용궁사(龍宮寺)'이다. 아마도 용궁사 하면 부산광역시 기장군에 있는 용궁사를 떠올릴 것이다. 하지만 영종도의 용궁사 역시 창건 시기가 오래된 지역 내에서는 아주 유서 깊은 사찰이다. 유서 깊다고 기대를 갖고 절을 찾는다면, 실망이 클 것이다. 크고 웅장한 대웅전도

없고 멋진 탑도 없고, 법석을 깔만한 야단도 없는 매우 작고 초라한 절이기 때문이다. 그렇다고 실망할 필요는 없다. 절 안에 들어가서 꼼꼼히 둘러보면 분명 천 년이란 세월이 그냥은 지나가지 않았다는 것을 알게 될 것이다. 처음에 절을 세우고 이름을 '백운사'라 하였고, 뒤에 '구담사'라고도 불렀다. 그러다 흥선대원군에 의해 '용궁사'가 되었다.

용궁사의 역사는 아주 오래전으로 거슬러 올라간다. 670년(문무왕 10년)에 원효대사가 창건하였으며, 고려시대에 번창하였고, 조선시대의 억불정책에도 살아남은 이 지역 내의 대표적인 사찰이 되었다. 또 경내에는 천년이 넘어 보이는 느티나무 두 그루가 있는데, 왼쪽은 '할머니 나무' 오른쪽은 '할아버지 나무'라고 불린다.

이 절도 여느 절과 마찬가지로 그저 부처님을 모시고 극락왕생을 비는 민중들의 평범한 안식처에 불과했다. 그러다가 이 절이 조명을 받게 된 것은 조선시대 말기에 어느 한 사나이의 야망을 실현시키며, 우리 역사의 전면에 등장하게 되었다는 점이다.

이 절에는 신비한 전설이 하나 전하는데, 바로 '옥부처 전설'이다.

"어느 어부가 고기를 잡으려고 그물을 올리자 옥으로 만든 부처가 걸려 올라왔다. 어부는 재수가 없다고 생각하며 바닷

속으로 던져버렸다. 그리고 다시 그물을 올리자 또 그 옥부처가 걸려 올라왔다. 이상하게 여긴 어부가 그 옥부처를 이곳 백운사(용궁사)에 모셨다"는 이야기이다.

흥선대원군이 이 전설을 듣고, 자신의 야망을 실현하고자 이 절을 찾게 되고, 이 절에 기거하면서 소원을 들어준다는 전설의 옥부처에 불공을 드렸다. 아마도 자신 아니면 아들이 조선의 임금이 되게 해달라고 빌었을 것이다. 결과론적으로 그의 욕망은 실현되었으니, 이 옥부처의 영험한 힘이 발현되었기 때문이 아닐까 생각해 본다.

이곳에서 몇 달을 기거하며 불공을 드리던 대원군이 옥부처의 전설에 따라 당시 절 이름이었던 백운사를, 옥부처가 바닷속에서 나왔다 하여 용궁사로 바꾸었다고 한다. 그리고 그의 기운을 담아 '龍宮寺(용궁사)'라는 현판을 써 주었다고 한다. 이때가 1854년(철종 5년)에 있었던 일이다. 퇴락한 절을 새롭게 중수하고, 옥부처에 소원을 빌고, 절 이름을 새로 짓고, 직접 글씨를 써서 현판을 달고, 이렇게 정성을 쏟은 지 9년 후에 드디어 그의 아들이 왕(고종)이 되고, 그는 조선의 최고 권력자가 되었다.

이 현판을 자세히 보면 '宮(궁)'이라는 글자가 보인다. 이것이 무슨 의미를 담고 있는지 우리는 바로 알아낼 수가 있다. 이 현판을 쓸 당시 대원군은 비록 비루한 왕가의 종친이었지만, 그가 기거한 이곳이 바로 임금이 거처하는 '宮'이라 생각했을 것이고, 궁으로 가고자 하는 욕망을 담아 '용궁'이라고 이름을 짓고, 편액으로 써서 달았을 것이다. 현판을 자세히 보면 대원군의 호인 석파(石坡)도 선명히 보인다.

  욕망과 야망이 실현된 곳, 용궁사! 그곳에 가고 싶다.

## 흥선대원군(興宣大院君) : 1820년(순조 20년) ~ 1898년(고종광무 2년)

본명은 이하응(李昰應)이고, 호는 석파(石坡)로 대원위대감(大院位大監)이라 불렸다. 조선 제26대 왕 고종의 아버지로, 어린 고종을 왕으로 세우기 위해 당시 세도정치 아래에서 왕족으로서 체통을 버리고 시정의 무뢰배 행동을 하는 등 철저하게 욕망을 이루기 위해 최고의 권력자인 신정왕후(조대비)와 가까이 지냈다.

드디어 1863년에 철종이 후사 없이 죽자 가까이 지낸 신정왕후에 의해 12세의 어린 둘째 아들이 왕위에 올랐다. 왕위에 오른 아들을 대신하여 3년간은 신정왕후가 섭정하였고, 그 뒤를 이어 10년간 흥선대원군이 섭정했다. 섭정 기간 동안에 봉건적 개혁정책을 실시해 세도정치를 타파하고 왕권 강화를 꾀하였으며, 폐쇄적 쇄국정책을 실시하여 제국주의 열강의 침략을 막으려 했다. 그러나 이런 개혁은 일시적인 효과만을 거두었고, 근본적인 해결책은 되지 못했다. 특히 급변하는 국제정세에 눈과 귀를 막고 쇄국으로 대응해 외세의 침략을 불러왔으며, 이로 인해 개혁정치는 실패로 돌아갔다. 왕비인 명성왕후와의 치열한 권력투쟁으로 1873년 최익현의 상소에 의해 고종이 친정을 선포하자 정계에서 물러나 은거했다. 1882년 임오군란이 일어나 잠시 정권을 잡았지만, 군란을 진압하러 온 청나라 군대에 의해 청나라로 납치되어 갔다. 납치당한 3년 후에 풀려나 고국으로 돌아와 재집권을 하려고 여러 번 시도하였지만 모두 실패하고, 다시는 정계에 복귀하지 못하고 은거하다 죽었다.

흥선대원군은 특히 글씨와 그림에 매우 뛰어났는데, 난초화는 당대 최고 권위자인 추사 김정희에게서 배웠다. 그가 그린 그림과 글씨가 지금도 매우 많이 남아 있다.

# 용궁사의 전설

### ① 옥부처 전설

　영종도 중산리 월촌에 사는 윤씨라는 성을 가진 어부가 고기잡이로 간신히 생계를 유지하면서 살고 있었다. 평소와 같이 고기를 잡으러 바다로 나가 미리 바다에 쳐놓은 그물을 건져 올렸다. 그런데 고기는 걸려 있지 않고 반짝이는 물건이 하나 걸려 올라왔는데 바로 옥부처였다. 어부는 재수 없다고 말하고서 다시 옥부처를 바다에 던졌다. 그리고서 다시 그물을 치고 또 걷어 올리자 이번에도 그 옥부처가 걸려 올라왔다. 또

다시 버리고 계속해서 걷어 올리면 옥부처만 걸려 올라왔다.

이에 어부는 예사롭지 않다고 여기고 그물에 걸려 올린 옥부처를 바다에서 가까운 이 용궁사(당시 백운사)에 모셨다.

옥부처를 모신 이후로 사람들이 용궁사 앞을 지나갈 때 말이나 소를 타고 지나가려면 꼼짝을 못하는 일이 생겼다. 한참 뒤에야 사람이 등에서 내려오면 그때서야 움직이기 시작했다. 그 후로 사람들은 용궁사 앞을 지날 때는 반드시 말이나 소에서 내려 지나가야만 했다.

이러한 소문이 널리 퍼져 용궁사는 영험한 절로 알려지게 됐다. 그런데 지금 이 절에는 옥부처가 없다. 흥선대원군의 소원을 들어줘서 그런지 옥부처는 더는 자기 자리를 지키지 못했다. 일제강점기 때 도난당했고, 현재 옥부처가 있던 그 자리에는 청동관음상이 봉안되어 있다.

할매나무

② 느티나무 전설

　용궁사에는 느티나무 두 그루가 있다. 하나는 '할아버지 나무', 또 하나는 '할머니 나무'로 불린다.
　처음에 이 느티나무는 마을의 당산나무 역할을 하다가, 나중에는 절을 지키는 수호신으로 1300년이란 세월을 살았다.
　전각을 가운데 두고 마주 보고 서 있는 모습과 서로를 향해 가지를 뻗은 모습이 마치 금실 좋은 부부 같다고 여겨, 아이를 낳지 못하는 부부가 이곳에 와서 할배나무와 할매나무에 소원을 올리면 아이를 낳을 수 있었다는 이야기도 전해지고 있다.
　오래 살아온 것만으로 전설이 되고도 남을 일이지만, 한 쌍으로 존재하면서 금실 좋은 할아버지, 할머니 나무로 불리고 장수의 상징이 되었다. 그리고 아이를 낳게 해준다는 기복의 대상이 되었다.

할배나무

蒙巖祠

大雄殿

아름다운 인연,
전설 같은 일화

## 望慕堂 망모당

주 지 번(朱之蕃)

전북 익산시 왕궁면 광암리 356

'望慕堂(망모당)'이라는 현판은 조선에 사신으로 온 중국 명나라 주지번(朱之蕃)이 표옹(瓢翁) 송영구(宋英耈, 1556~1620)를 위해 써준 글씨다. 망모당(望慕堂)은 1605년(선조 38년)에 표옹 선생이 부친상을 당하여 전라북도 익산에 있는 그의 집 뒤에 지은 별채이다. 표옹은 이곳에서 동쪽으로 멀리 조상의 무덤이 있는 우산을 바라보며 아버지의 은혜를 기렸다 한다. 건물 이름이 '망모당(望慕堂)'이라는 것도 여기에서 연유한다.

망모당 현판에는 재미있는 이야기가 있다. 참 스승과 참 제자의 감동적인 이야기로 표옹 송영구 선생의 문집인 『표옹문집(瓢翁文集)』에 전한다.

표옹 송영구는 임진왜란이 발발한 이듬해인 1593년(선조 26년)에 송강 정철의 서장관(書狀官) 자격으로 명나라에 사신을 가게 된다. 그의 나이 38세였다. 북경에서 사신 업무를 수행 중이던 어느 날 표옹이 머무르던 숙소의 아궁이에 장작불을 지피던 청년이 있었다. 그런데 이 청년이 불을 지피면서 무언가 끊임없이 읊조리고 있었다. 표옹이 가만히 그 읊조리는 소리를 들어보니, 『장자(莊子)』의 〈남화경(南華經)〉이었다. 신기하게 여긴 표옹이 청년을 방으로 불러 물어보았다. 청년은 남월(南越)지방 출신으로 과거시험을 보기 위해 북경으로 왔는데, 몇 번을 낙방하고, 지금은 가지고 온 돈마저 다 떨어져 궁여지책으로 이렇게 노잣돈을 벌기 위해 잡부로 일을 한다고 하였다. 이에 표옹은 청년을 기특하게 여겨 조선의 과거시험 문제와 답안지 작성법에 대해 알려주었다. 이 당시만 하더라도 조선과 중국의 과거시험이 별 차이가 없었던 것으로 보인다. 표옹 자신도 조선에서 과거시험에 합격한 사람이라 답안지 작성법 등 과거시험에 대비하는 여러 가지 방법을 알려주고, 지니고 있던 책과 돈까지 주면서 그를 응원해 주었다. 그 후에 이 청년은 과거시험에 열심히 대비하게 되고, 1595년에 드디어 시험에 합격하였다. 그것도 장원급제로 합격한 것이다. 그가 바로 주지번이라는 사람이다.

과거시험에 합격한 주지번이 이번에는 조선으로 사신을 오게 되는데, 1606년 한림학사로 있던 주지번이 황태손(皇太孫)의 탄생을 알리기 위해 명나라 사신의 정사 자격으로 조선에 오게 된 것이다. 조선에서는 명나라 사신 일행을 영접하기 위하여 임금과 대신들이 회의를 열고 고심 끝에 당대의 문장으로 유명한 대제학 유근과 종사관 허균을 영접사로 뽑았다. 이렇게 뽑힌 영접사들은 영은문까지 직접 나아가 사신 일행을 맞이하였다. 사신으로 온 주지번의 공식적인 임무는 황태손의 탄생을 조선 조정에 알리는 것이었다. 그러나 주지번에게는 이 공식적인 일 외에 또 다른 목적이 있었다. 그것은 자신의 스승인 표옹 선생을 찾아뵙는 일이었다. 공식적인 사신 업무를 마친 주지번은 자신이 사신으로 오게 된 또 하나의 목적인 스승 표옹 선생을 찾아뵙는 일을 시작하였다. 먼저 표옹 송영구의 행방을 주변에 물어보았는데, 모두 그가 죽었다고 하였다. 그러나 주지번은 믿지 않았다. 좀 더 알아본 끝에 그가 살아 있다는 것을 알고, 주변에서 죽었다고 말한 것에 대해 추궁하자, 대국의 사신이 표옹이 기거하는 먼 시골까지 행차를 한다면 접대에 번거롭고 소홀할 것을 걱정하여 죽었다고 말한 것이라 하였다.

 이렇게 주지번이 조선 땅에서 표옹 선생을 만나기란 쉽지 않은 일이었다. 그것은 표옹 선생이 조정의 대신으로 서울에 머물러 있지 않았고, 또 선생의 고향도 전라도라 서울에서 멀리 떨어져 있었기 때문이었다. 하지만 주지번에게는 스승을 찾아뵙는 일이 사신으로 온 일생일대의 중요한 일이었기 때문에 먼 길을 무릅쓰고 표옹의 고향을 찾아가게 된다. 지금과 같이 교통이 발달하지 않은 때라 표옹 선생의 고향을 찾아가는 길은 험난했을 것이다. 먼저 표옹의 고향이 속한 전라도 관찰사가 거주하는 전주로 내려와서 객사에 머물면서 '풍패지관(豐沛之館)'이라는 현판을 써 주었다. 그리고 관찰사의 안내를 받아 전주에서 북쪽으로 50리 거리에 위치한 표옹의 고향인 장암마을을 찾아가게 된다. 하지만 그곳에 표옹 선생은 없었다. 고생 끝에 찾아간 주지번은 허탈해하면서 스승의 은혜에 다른 방법으로 보답하기로 마음먹었다. 그 하나가 표옹 선생이 머물며 아버지의 무덤이 있는 우산을 바라보았다는 별채에 '망모당(望慕堂)'이라는 편액 글씨를 써주었으며, 또 하나는 주지번이 풍수에도 밝았기 때문에 표옹 선생의 무덤 자리도 잡아주었다고 한다. 그리고 주지번 본인도 책을 선물 받은 것에 보답하기 위해 조선에 올 때 희귀한 책을 선물로 많이 가지고 왔다고 한다. 물론 일생일대의 은인이자 스승인 표옹에게 드릴 선물이었다. 책 분량이 80권 정도였다고 하는데 그 책들은 나중에 규장각에 보관되었다.

  주지번은 머나먼 조선에 사신으로 와서 그의 은인이자 스승인 표옹 선생에 대해 이렇게 은혜를 잊지 않고 보답하였다. 지금도 익산 장암마을에 가면 주지번이 써 주었다는 **望慕堂(망모당)**'이라는 현판이 걸려 있다. 이 현판을 스승과 제자라는 사제지간의 표상으로 삼을 만하지 않을까 생각해 본다.

### 주지번(朱之蕃): 1546년 ~ 1624년

중국 명나라 산동성 치평 사람으로, 호는 난우(蘭嵎). 1595년(만력 23년)에 장원급제하고, 이부시랑과 한림원 수찬(翰林院修撰) 등을 지냈으며, 1606년에 정사(正使)로서, 신종 황제의 손자 탄생을 알리고자 조선에 사신으로 왔다. 그는 서화에 뛰어나 조선에 사신으로 와서 사람들에게 글씨와 현판 등을 써 주었으며, 이전의 사신들과 달리 뇌물을 거절하고, 조선의 이름난 시인들과 시를 주고받는 창화(唱和)를 즐겼다. 그리고 돌아가면서 허난설헌의 시집을 가져가 중국에 널리 알렸다.

### 송영구(宋英耈): 1556년(명종 11년) ~ 1620년(광해군 12년)

본관은 진천(鎭川), 호는 표옹(瓢翁). 1584년(선조 17년)에 과거에 급제하고, 주서(注書)·사과(司果) 등을 역임하였다. 임진왜란 때 도체찰사 정철(鄭澈)의 종사관, 그리고 정유재란 때에는 충청도관찰사의 종사관이 되었다. 이후 사헌부지평(司憲府持平)으로 중국으로 가는 사신단인 성절사(聖節使)의 서장관이 되어 명나라에 다녀왔다. 사신을 다녀온 후 이조정랑, 대동도찰방(大同道察訪), 경상도관찰사 등 여러 벼슬을 거친 뒤, 1613년에 다시 성절사로 명나라를 다녀왔다. 명나라에 다녀온 후 지중추부사가 되고, 병조참판이 되었으나, 1618년 폐모론에 반대하다 파직당하였다. 풍채가 단아하고 언행이 바르며 성격이 강직하였다. 그리고 용서를 잘 해주어 사람들로부터 존경을 받았다. 시호는 충숙(忠肅)으로, 전주의 서산사(西山祠)에서 제사를 지내고 있다.

## 주지번이 남긴 현판

　1606년(선조 39년)에 명나라에서 조선에 사신을 보내왔는데, 그가 주지번(朱之蕃)이다. 주지번은 장원급제를 할 정도로 학문이 뛰어났으며, 시(詩)·서(書)·화(畵)에도 능한 인물이었다. 조선에 사신으로 와서도 그는 재능을 유감없이 발휘하였다. 당시 시에 뛰어난 유근(柳根)·허균(許筠)·이정구(李廷龜) 등과 시를 짓고 논하였으며, 또 큰 글씨를 잘 써서 여러 점의 글씨를 남기기도 하였다. 望慕堂(망모당), 豊沛之館(풍패지관), 明倫堂(명륜당), 永思亭(영사정), 湖山勝集(호산승집) 등을 남겼는데, 지금도 이 글씨가 현판으로 남아 있다.

### 豊沛之館(풍패지관)

전라북도 전주시 완산구 충경로 59

'豊沛之館(풍패지관)'은 조선시대 전라감영이 있던 전주의 객사로, 1471년(성종 2년)에 전주 서고를 짓고, 남은 재료로 지었다는 기록만 있어 정확한 건립 시기는 알 수 없다. 이 객사에 이름을 써 준 사람이 바로 주지번이다. 여기에서 '豊沛(풍패)'란 중국의 한(漢)나라를 세운 시조 유방의 고향을 말한다. 전주가 조선왕조를 세운 왕족의 본향이라 이렇게 빗대어 '豊沛之館'이라는 글씨를 써 주었고, 편액을 걸어 두었다.

## 明倫堂(명륜당)

서울 종로구 성균관로 31

'明倫堂(명륜당)'은 1398년(태조 7년)에 성균관 대성전(大成殿) 북쪽에 건립되었다. 명륜당의 본래 의미는 서울의 성균관(成均館)이나 지방의 향교에 부속된 건물로 유학(儒學)을 강학(講學)하던 강당을 말한다. 좌우에 동서(東西) 두 재(齋)가 있는데, 동재(東齋)에는 생원(生員), 서재에는 진사(進士)를 기숙하게 하였다. 〈명륜(明倫)〉이란 인간사회의 윤리를 밝힌다는 뜻으로, 『맹자(孟子)』의 〈등문공편〉에 "학교를 세워 교육의 행함은 모든 인륜을 밝히는 것이다"라고 한 데서 유래하였다. 성균관의 明倫堂(명륜당) 글씨는 1606년(선조 39년)에 명나라 사신 주지번(朱之蕃)이 우리나라에 왔을 때 쓴 것이다.

### 永思亭(영사정)

전북 남원시 금지면 영사정길 35-13

'永思亭(영사정)'은 죽암 안전이 1521년(중종 16년)에 그의 아버지 사제당(思齊堂) 안처순(安處順)의 묘소를 자주 찾아뵐 수 없어, 멀리 바라다보이는 곳에서 망배하면서 오래도록 사모하려고 세운 정자이다. 정자의 편액은 조선에 명나라 사신으로 온 주지번이 해서체로 써준 것으로, 낙관이 찍혀있다. 편액의 원본은 사제당 재실에 보관되어 있고, 지금 영사정에 걸려 있는 편액은 이를 모사한 것이다.

### 湖山勝集(호산승집)

충북 괴산군 괴산읍 제월리 산 16-2번지

'湖山勝集(호산승집)'은 고산정(孤山亭) 안에 걸려 있는 현판이다. 고산정은 충북에서 가장 오래된 정자로, 1596년(선조 29년)에 충청도관찰사였던 유근(柳根, 1549~1627)이 세웠다. 처음에는 '만송정(萬松亭)'이라고 불렀다가 광해군이 즉위한 뒤 유근이 이곳에 은거하면서 그의 호를 따서 고산정으로 고쳐 불렀다. '湖山勝集'이란 편액은 명나라 사신으로 온 주지번(朱之蕃)이 유근에게 써 준 글씨이다.

대한민국 초대 대통령의 필력

## 洗馬坮 세마대

이 승 만 (李承晩)

경기도 오산시 지곶동 155

　　경기도 오산시 지곶동에 위치한 독산성의 '세마대(洗馬臺)'는 임진왜란과 관련된 유서 깊은 사적지로서 그 이름에는 유래가 있다.

　　1592년(선조 25년) 임진년에 일본의 왜군이 조선을 침략하였다. 준비가 되지 않은 조선군은 속수무책으로 힘 한 번 써 보지 못하고 연전연패만 거듭하였다. 끝내 도성인 서울도 함락되고 말았다. 마침내 임금은 북쪽으로 의주까지 피란을 가고, 조선군도 평양성까지 후퇴하였지만, 이것도 잠시 평양성마저 빼앗기고 말았다. 나라의 존망이 걸린 이런 위급한 상황에 이여송이 이끄는 명나라 군대의 도움으로 평양성을 회복하였다. 다시 전열을 가다듬은 조선군과 명군은 서울로 진격하였다.

명나라에서 원군이 서울로 온다는 소식을 듣고 서울을 탈환할 목적으로 전라 순찰사로 있던 권율 장군은 근왕병 2,300명과 승병 500명을 이끌고 서울로 향하였다. 이때 일본은 우리나라 전국의 주요 길목에 왜군을 배치하고 조선군의 동태를 파악하고 있었는데, 명군이 서울로 내려온다는 소식을 듣고 서울을 지키기 위해 왜군들도 서울로 총집결하였다. 1592년 12월 서울로 진격하던 권율 장군도 도성으로 올라가는 주변을 탐색하기 위해 우선 군사들을 수원 독산(禿山)의 독산성(禿山城)에 주둔시키고 그곳에 진을 쳤다. 이 소식을 들은 왜군 총사령관인 우키타 히데이에(宇喜多秀家)가 가토 기요마사(加藤淸正)에게 명하여 독산성으로 가서 권율 장군을 치게 하였다. 군사를 이끌고 도착한 가토 기요마사는 독산성이 좁고 물이 귀하다는 이야기를 듣고, 성을 포위하여 고사하는 작전을 펼치게 된다. 이에 맞서 조선군은 농성전을 펼치면서 야밤에 기습을 하거나 성 주변의 의병들에게 교란작전을 펼치도록 하였다. 이렇게 지루한 농성전을 이어가던 어느 날 권율 장군은 원군도 원군이지만 식수 문제가 더 큰 문제라 판단하였다. 그리고는 군사들에게는 최소한의 식수를 공급하도록 하고 성 밖 왜군들의 동태를 계속 주시하도록 지시하였다. 시간을 오래 끌수록 불리하다고 판단한 권율 장군은 깊은 생각 끝에 기막힌 꾀를 생각해냈다. 물이 부족하다는 것을 아군뿐만 아니라 적군도 아는 상황이라 이를 속일 방책을 세웠던 것이다.

먼저 적군이 잘 볼 수 있도록 성에서 가장 높은 곳에 말을 대령시키고, 군량미로 가지고 온 쌀도 쌓아두라고 명령하였다. 그리고는 군사들을 불러 모으고 쌀을 말 등에 계속해서 쏟으라고 하였다. 이 장면을 멀리서 본 왜군의 정찰병은 물로 말을 씻길 정도로 성안에 물이 많다고 판단하고 왜장 가토 기요마사에게 이를 알렸다. 이를 들은 가토 기요마사는 오랫동안 성을 고립하여 항복시키려는 고사 작전이 쓸모가 없을 것이라 판단하여 포위를 풀고 다시 위급해진 서울로 후퇴하였다. 조선군은 후퇴하는 왜군들을 재빨리 추격하여 왜군들의 목을 베었다. 이것이 벼랑 끝에 빛난 고도의 심리전이라 할 수 있는 바로 그 유명한 독산성 전투로 이른바 '세마대(洗馬臺)' 전투이다.

이처럼 '쌀로 말을 씻었다' 하여 지금까지도 '세마대'라 불리게 된 것이다. 독산성에서 승리한 권율 장군은 명군과 연합하기 위해 다시 북쪽으로 진군하여 행주산성에 주둔하게 되고, 이곳에서 그 유명한 임진왜란 3대 대첩 중 하나인 '행주대첩'을 성공하게 된다. 독산성에서의 세마 전법이 없었다면 아마도 불가능하지 않았을까?

임진왜란이 끝난 후 세마 전법을 시행한 장대(將臺)를 세마대라 부르고, '洗馬臺(세마대)'라는 현판을 걸었다고 한다.

세마전법도, 행주산성 기념관 소장

　이후 다시 세마대가 역사에 등장한 것은 정조 임금 때이다. 정조가 아버지인 세도세자의 융릉을 참배하러 가는 길에 이곳 독산성에서 하룻밤을 묵었기 때문이다.
　그리고 1910년 경술국치에 이르러 왜인들에 의해 세마대는 무참히 파괴되고 주민들은 각처로 흩어져 폐허로 남게 되었다. 그러다가 50여 년이 지난 1957년 8월에 '독산성세마대 고적 중건추진위원회'가 구성되어 중건을 추진하였으나, 자금난으로 여러 번 중단되었다가 다시 각계각층의 협조와 이 지방 주민들의 노력으로 중건이 완성되었다. 이를 기념하기 위해 대한민국 초대 대통령인 이승만 대통령이 행서체로 '洗馬坮(세마대)'라는 현판을 써 주었다. 이곳에 가면 대한민국 초대 대통령 이승만의 필력을 볼 수 있다.

### 이승만(李承晚), 1875년 ~ 1965년

대한민국 초대 대통령. 고종황제 폐위 음모 혐의로 1899년 1월 9일부터 1904년 8월 9일까지 5년 7개월 동안 감옥살이를 했다. 감옥살이 동안 주로 독서와 글쓰기 공부를 하였으며, 감옥 안에 학당을 개설하여 글을 모르는 죄수와 간수들의 자제를 가르치기도 하였다. 이때 갈고 닦은 서법으로 대통령이 된 후에 전국의 많은 곳에 현판을 남겼다. 지금도 1956년에 쓴 경북 영주의 '浮石寺(부석사)', 1957년에 경기 오산의 '洗馬坮(세마대)'. 1958년에 서울 사직공원의 '黃鶴亭(황학정)' 1958년에 서울 북한산의 '文殊寺(문수사)' 현판 등이 남아 있다.

## 권율 장군의 대표 승전

난세가 영웅을 낸다는 말이 있다.

조선시대 오백 년 역사 중 가장 큰 난세는 아마도 임진왜란일 것이다. 조선에서는 이 임진왜란이란 난세를 만나 많은 영웅들이 탄생하였다. 우리들은 해전의 최고 영웅으로 이순신 장군을 꼽을 것이고, 육전에서는 권율 장군을 꼽을 것이다.

권율의 대표적인 전승은 이치 전투, 독산성 전투, 행주산성 전투가 있다.

### 이치 전투

1592년(선조 25년) 7월 8일 권율(權慄)·황진(黃進) 등이 이치(梨峙, 배재)에서 왜군과 싸워 승리로 이끈 전투이다.

용인 전투에서 패한 뒤, 광주로 돌아온 권율은 다시 근왕병을 모집하기 시작하였는데, 지역의 의병(義兵)들이 적극적으로 호응하여 1,500여 명이나 되었다.

전라도를 점령하기 위해 일본군은 서울에서 고바야가와 다카카게(小早川隆景)가 이끄는 군사들을 금산으로 내려보냈는데, 전라도 감영이 있는 전주를 점령하려면 금산에서 이치 고개를 넘어야 했다. 이 소식을 들은 전라도 절제사 권율은 모집한 1,500여 명의 근왕병을 이끌고 전주를 지키기 위해 이치에 진을 치고 있었다. 1592년 7월 8일 이른 아침부터 고바야가와 다카카게(小早川隆景)가 이끄는 정예군이 이 고개로 몰려와서 전투가 시작되었다. 권율은 동복현감 황진과 함께 용감히 맞서 싸워 하루 종일 밀고 밀리는 치열한 공방전을 거듭한 끝에 일본군에 큰 사상자를 입혔다. 이에 일본군은 돌연 전투를 중지하고 금산성으로 달아나버렸다. 이것이 바로 권율이 싸워 이긴 첫 승전보였던 이치(梨峙) 전투이다. 이치 전투는 일본군이 곡창지대인 전라도로 진출하려는 야욕을 철저하게 좌절시킨 매우 의미 있는 승전으로, 임진왜란 최초의 육지에서의 승리로 이치 전투라 부른다. 권율은 이 승리에 힘입어 이후 행주대첩을 승리로 이끌 수 있었다.

이치 전투 전적지(전북 완주군 운주면 산북리 산12-1)

## 독산성 전투

독산성(禿山城)은 백제시대에 쌓은 성으로 둘레가 1,100m이고, 평야 지대 한가운데 솟아 있어 주변을 두루 살필 수 있는 전략적 요충지에 위치하고 있다. 이 성이 역사의 무대에 등장한 때는 임진왜란 때이다.

1593년(선조 26년) 1월에 지금의 경기도 오산시 지곶동의 독산성(禿山城)에서 권율(權慄)이 모집한 근왕병(勤王兵)과 일본 가토 기요마사(加藤清正)가 이끄는 왜군이 벌인 전투를 말한다. 독성산성(禿城山城) 전투라고도 한다.

독산성(경기도 오산시 지곶동 155)

이치 전투에서 승리한 이후, 권율은 전라도 관찰사로 특진 되었다. 이치 전투로 전라도를 지킨 권율은 서울을 탈환하기 위해 근왕병을 모집하였다. 각 고을의 수령들과 승병장 처영(處英)도 합세하여 근왕병이 3천여 명에 다다랐다. 이 병사들을 이끌고 서울로 북상하다가 수원에 도착한 권율은 삼국시대부터 군사적 요충지로 유명했던 독산성(禿山城)에 진지를 구축하였다. 이 소식을 들은 일본군 총사령관 우키타 히데이에(宇喜多秀家)는 남쪽에 있는 일본군과의 소식이 끊어질 것을 우려하여 독산성을 공격하기로 결정하고, 가토 기요마사(加藤淸正)에게 독산성을 점령하라고 명하였다.

독산성은 험한 산지에 자리하고 있어 방어에 탁월한 산성이었다. 이러한 독산성의 특징을 잘 파악하고 있었던 권율은 직접적인 교전보다는 소수의 병사로 적을 기습, 공격하여 예봉을 꺾고 적의 사기를 떨어뜨리는 지구전을 펼쳤다.

하지만 곧 위기가 찾아왔다. 독산성은 성안에 우물이 없다는 치명적인 단점이 있었다. 일본군도 이러한 독산성의 상황을 잘 알고 있었다. 일본군은 성으로 흘러 들어가는 냇물을 차단하고 느긋하게 성을 포위하며 항복하기를 기다리고 있었다. 이러한 어려움을 해결하기 위해 고심한 끝에 권율은 중대 결정을 내린다. 독산성에서 가장 높은 곳에 위치한 서장대(西將臺)에 장막을 치고 연회를 크게 벌였으며, 일본군의 시야에 잘 들어오는 높은 곳에 군마(軍馬) 몇 필을 세워 놓고 말 등 위로 쌀을 쏟도록 지시했다. 권율의 이러한 황당한 지시에 군사들은 어리둥절했으나, 얼마 지나지 않아 그 의도를 알고는 탄복했다. 멀리서 조선군의 동태를 주시하고 있던 일본군은 크게 놀랐다. 물이 부족하다고 들었는데, 말을 씻을 수 있을 만큼 물이 많다는 것을 본 것이다. 이에 무한정 성을 포위하고 항복하기를 기다릴 수 없다고 판단한 일본군은 철수하기 시작했다. 이때 권율은 퇴각하는 일본군을 추격하여 많은 적의 군사를 죽이는 큰 전과를 올렸다.

독산성에서의 승리 이후, 조선군의 사기는 하늘을 찌를 듯했다. 탁월한 권율의 지략에 감복한 각 지역의 의병들이 합류하기 시작했다. 이는 나중의 행주대첩으로 이어진다.

## 행주산성 전투

1593년 2월에 전라도관찰사 권율(權慄)이 행주산성(幸州山城)에서 왜군을 무찌른 전투로 임진왜란 3대 대첩 중 하나이다.

독산성에서의 승리 이후, 권율이 이끄는 근왕병은 사기가 하늘을 찌를 듯했다. 이 소식을 들은 각 지역의 의병들이 권율에게 합류하여 병사가 1만여 명에 이르렀다.

그 여세를 몰아 파주에 도착한 조명연합군과 합세하기 위해 독산성을 나와 북쪽으로 진군하였다. 마침 명군도 파주성을 나와 서울로 진격하려고, 먼저 벽제관으로 진출하였는데, 매복

된 일본군에 기습당하여 대패하였다.

　이에 명군은 파주를 버리고 다시 임진강 건너로 후퇴하였다. 이 소식을 들은 권율은 당장 조명연합군과의 연합이 실패로 돌아간 것을 알고, 서울 인근의 행주산성으로 들어가 진을 치고 기다리기로 하였다. 벽제관에서 한숨을 돌린 일본군은 서울에서 가장 가까운 행주산성에 조선군이 진을 치고 있다는 소식을 듣고, 명군이 다시 서울로 진격하기 전에 행주산성을 격파해야 한다고 생각했다.

행주산성 전투(경기도 고양시 덕양구 행주로15번길 89)

드디어 1593년 2월 12일 새벽, 일본군은 3만여 명의 대병력으로 행주산성을 포위 공격하기 시작했다. 일본군 총대장 우키타 히데이에(宇喜多秀家)를 중심으로 7개 부대(고니시, 이시다, 구로다, 우키타, 깃카와, 모리, 고바야카와)로 나누어 순차적으로 성을 공격하게 하였다. 성안의 관군과 승군 등은 화차, 수차석포, 진천뢰, 총통 등을 쏘며 용감히 맞섰다. 순차적으로 공격한 일본군은 조선군의 맹렬한 방어에 속수무책으로 당하고 말았다. 조선군은 화살이 다 떨어지자 차고 있던 재를 뿌리고 돌을 던지며 싸웠고, 남녀노소를 가리지 않고 모두 참여했다.

　특히 부녀자들이 긴 치마를 잘라서 돌을 날라 투석전을 벌이는 군사들을 도왔다. 조선군의 무기가 다 떨어진 것을 알아차린 일본군이 더욱 맹렬한 기세로 달려들었으나, 경기수사(京畿水使) 이빈(李蘋)이 화살 수만 개를 두 척의 배에 싣고 한강을 거슬러 적의 후방을 칠 기세를 보였다. 이에 큰 피해를 입은 일본군은 당황해하면서 후퇴하기 시작했다. 도망가는 일본군을 끝까지 쫓아가 130여 명의 목을 베고 우키타·이시다·요시가와 등 일본군 장수들에게 큰 부상을 입혔으며, 갑옷·창·칼 등 많은 무기들을 노획했다. 이것이 행주대첩이다.

### 권율(權慄) : 1537년(중종 32년) ~ 1599년(선조 32년)

호는 만취당(晚翠堂)·모악(暮嶽)이며 시호는 충장(忠莊)이다.
임진왜란이 끝난 1604년(선조 37년)에 선무공신(宣武功臣) 1등에 선정되었다.
1582년(선조 15년) 식년문과(式年文科)에 급제하고, 승문원정자(承文院正字)를 시작으로 여러 벼슬을 거치다 1591년 의주목사(義州牧使)가 되었다.
1592년 임진왜란이 일어나자 광주목사로 용인전투에 참여하였지만 대패하였다. 대패 후 남원으로 내려와 근왕병을 모집하여 이치(梨峙) 전투에서 승리하고, 서울로 북상하다 독산성에 주둔하던 중 왜군에 포위를 당하였지만 꾀를 내어 적의 포위를 뚫었다. 그리고 다시 북상하여 한강을 건너 행주산성에 주둔하였다. 일본군 총사령관격인 우키타 히데이에(宇喜多秀家)가 이끄는 3만의 일본군의 공격을 받았지만, 군관민이 합세하여 일본군을 크게 무찔렀다. 행주대첩으로 도원수가 되었고, 1597년 정유재란이 일어나자 일본군의 한양 진격을 막기 위해 명나라 군대와 함께 힘을 쏟았다. 1599년 벼슬을 버리고 고향으로 돌아갔다. 사후에 영의정에 추증되고, 충장사(忠莊祠)에 배향되었다.

# 조선통신사가 일본에 남긴 글씨

## 對潮樓 대조루

홍경해(洪景海)

일본 히로시마현 후쿠야마시 도모노우라 후쿠젠지(복선사)

'對潮樓(대조루)'라는 현판은 일본 히로시마현 후쿠야마시 도모노우라의 후쿠젠지(福善寺)라는 절에 있는 것으로, 홍경해(洪景海)가 1748년(영조 24년)에 후쿠젠지에 써 준 글씨이다. 홍경해는 조선통신사 정사인 아버지 홍계희(洪啓禧)를 따라 자제군관 자격으로 일본에 사신단 일행으로 다녀왔다. 아버지 홍계희가 '대조루'라고 이름 짓고, 그의 아들인 홍경해가 행서체로 '對潮樓'라 썼다. 이 현판은 지금도 후쿠젠지 경내에 걸려 있으며, 낙관에는 다음과 같은 기록이 있다.

**戊辰秋朝鮮南陽洪景海叔行書**
무진년 가을 조선의 남양 홍씨 경해가 행서로 쓰다.

글씨를 쓰게 된 사연을 기록으로 찾아볼 수 있는 현판은 남아 있는 것이 많지 않다. 그러나 '대조루(對潮樓)'는 사연과 동기 그리고 날짜와 글쓴이를 정확하게 알아볼 수 있다.

홍경해는 조선통신사의 일행으로 일본을 다녀온 후 『수사일록(隨槎日錄)』이라는 기행문을 남겼다. 이 『수사일록』에 현판을 쓰게 된 동기를 기록해 놓았다.

"오전 열 시에 하비에서 조수를 이용해 출발하여 날이 저물 무렵에 도모노우라에 도착했다. 아버지는 가마를 타고 언덕을 올라가 후쿠젠지에 도착하였고, 나는 여러 사람들과 함께 작은 배로 갈아타고 가서 절 아래 벼랑에 매어두고 들어갔다. 기암절벽이 죽순을 묶어 둔 것 같이 바다 가운데 높이 솟아 있는데, 높이는 1백여 척이나 되었다. 높은 누각과 가파른 난간이 벼랑에 딱 붙어 있는데, 날아갈 듯 용마루와 처마를 드러내고 구름 속으로 치솟아 들어가, 문을 열면 하늘과 바다가 한 색이고 사방을 둘러보면 넓고 멀어서 끝이 없다. 파도 가운데 얼굴을 들이밀면 물고기가 보이기도 했다. 그 웅장하고 탁 트이는 기분이 이와 같았다. 돌섬 하나가 눈앞에 보이는데 소나무와 삼나무가 숲을 이뤄 울타리가 되었다. 이렇게 드넓은 하늘 사이에 여러 봉우리가 사면에 쭉 늘어서 있어서 그림 같기도 하고 구름 같기도 했다. 이 같은 신선세계는 처음 보았다. 내가 중국의 악양루는 보지 못했지만, 악양루인들 반드시 이와 같겠

는가? 벽 위에 '일동제일형승(日東第一形勝)'이라고 크게 쓴 여섯 글자가 걸려 있는데, 1711년에 다녀간 종사관 이방언의 글씨였다. 아버지께서 이 다락의 이름을 '對潮樓(대조루)'라 이름 짓고, 나에게 이 세 글자를 크게 쓰라고 명하셨다. 내가 쓴 글씨를 사마승에게 주고 돌아오는데 닭이 울었다."

『隨槎日錄(수사일록)』 1748년 7월 10일자

이 기록으로 우리는 '대조루'라는 현판을 누가·언제·무슨 이유로 쓰게 되었는지 정확히 알 수가 있다. 270여 년이 지난 지금까지도 복선사 대조루에 그대로 걸려 있다. 한·일 관계가 좋지 않은 시절이 있었음에도 현판이 살아남아 그대로 보존되어 있다는 사실이 명필이라는 증거가 되지 않을까?

이 대조루의 현판이 명필로서 주목을 받게 된 것은 단순히 조선통신사가 국내가 아닌 해외의 다른 나라에 글씨를 남겨놓았다는 사실이 아니라, 다음번 조선통신사로 일본을 다녀온 정사 조엄에 의해 밝혀졌다. 조엄이 홍경해가 다녀간 지 16년이 지난 1764년에 이곳 도모노우라를 지나가면서 대조루에 들러 이 글씨가 현판으로 제작되어 누각에 걸려 있는 것을 보았고, 지금도 걸려 있다는 사실이 명필임을 증명하는 것이다.

조엄은 이 현판을 보고 느낀 감회를 그의 사행기록인 『해사일기(海槎日記)』에 남겼는데, 특히 조엄은 사행의 고생길에서 만난 먼 친척의 글씨에 기쁨이 앞섰겠지만, 젊은 나이에 일찍 세상을 떠난 홍경해의 생을 내미는 서글픈 대목이 눈길을 끈다.

"담와 홍계희의 둘째 아들 교리 홍경해는 아저씨 항렬로, 무진년에 아버지를 수행하여 '對潮樓(대조루)'란 세 글자를 현판에 써서 벽에 걸었는데, 지금 그 사람은 이미 저승으로 갔지만, 이 현판을 보니 서글픈 생각이 들었다."

『海槎日記(해사일기)』 1764년 1월 11일자

임진왜란이 끝난 후 조선과 일본막부 사이에 전쟁의 상처를 딛고 피폐해진 나라를 보존하고자 서로 평화공존을 모색하였다. 이 평화공존의 해법으로 등장한 것이 평화사절단 조선통신사이다. 조선통신사는 임진왜란이 끝난 지 얼마 지나지 않은 1607년에 시작하여 1811년 마지막 통신사까지 모두 12차례나 일본을 다녀왔다. 통신사의 사행길은 근 1년여 기간 동안 서울을 출발하여 일본막부가 있는 도쿄까지 육로와 해로를 통해 다녀오는 험난한 여로였다. 이렇게 이어진 통신사들은 오고 가는 여정 중에 최고의 명승지로 '도모노우라'를 꼽았다. 그래서 통신사들은 도모노우라의 경치에 감동하여 가보지도 않은 중국의 악양루에 비교하기도 하였다.

특히 당시의 통신사들은 도모노우라 후쿠젠지의 이름 없는 누각에 올라 바라보는 바다의 조망을 최고의 볼거리로 여겼다. 이 이름 없던 누각에 이름을 지어주고 현판을 써 주는 정성을 발휘하기도 하였다. 이것이 바로 대조루의 탄생인 것이다. 이렇게 탄생한 대조루는 이후 이어진 통신사들의 감회를 불러일으키는 상징의 장소가 되었다. 지금도 이곳을 찾는 관광객들에게도 볼거리를 제공하고, 우리들에게도 자긍심을 심어주고 있다.

## 홍경해(洪景海) : 1725년(영조 1년) ~ 1759년(영조 35년)

자는 숙행(叔行), 1751년 과거시험에 급제하고, 수찬(修撰), 부교리(副校理) 등을 역임하였다. 이후 영광안핵어사(靈光按覈御史) 등 여러 어사(御史) 일을 맡았다. 그러나 35세의 젊은 나이에 세상을 떠나 그의 재주를 다 펼치지 못했다. 그가 남긴 뚜렷한 업적은 1748년에 조선통신사 정사인 아버지 홍계희를 따라 일본에 가서 견문을 넓히고 쓴 『수사일록(隨槎日錄)』과 도모노우라의 후쿠젠지(福禪寺)에 '對潮樓(대조루)'라는 현판 글씨를 써준 것이다.

출처 : 신기수, 『조선통신사왕래』, 일본노동경제사

## 조선통신사(朝鮮通信使)

통신(通信)이란, "신의(信義)를 통해 교류한다"는 의미이며, 통신사는 신의를 바탕으로 조선 국왕과 일본막부의 쇼군 사이에 국서를 전달하는 임무를 맡았다.

조선정부에서는 통신사로 삼사인 정사, 부사, 종사관을 뽑고 그들에게 각각 제술관, 통역관, 의원, 화원, 군관, 악공, 마상재, 소동, 격군 등 500여 명에 달하는 일행들과 사행에 필요한 물품 그리고 막부에 전달할 선물들을 꾸리게 하였다. 이는 단순히 국서를 전달하는 임무에만 그치지 않고, 조선의 선진 문화를 전파하는 임무도 맡겼다는 것을 증명한다.

조선통신사의 목적에는 일본막부의 요청으로 이루어졌기 때문에 조선정부에서도 적극적으로 학술과 문화로 그들을 감화시켜 임진왜란과 같은 침략을 다시 생각하지 못하도록 막아보려는 의도도 있었다. 그래서 임진왜란 이후 12차례의 통신사 교류가 있었던 200여 년은 평화가 유지되었다. 쇄국정책을 펼치던 막부의 유일한 해방구가 바로 조선통신사였기 때문에 그들은 사행기간 동안 정말로 성의를 다하여 극진하게 대접하였다.

이렇게 이루어진 조선통신사 기록물은 한·일 공동의 노력으로 2018년 세계 문화유산(유네스코)에 등재되었다. 인류가 보존해야 할 기록으로 인정받은 셈이다. 이만큼 조선통신사는 한·일 양국에 있어서도 서로 의견이 합치되고 보존해야 한다는 당위성을 공유하고 있는 가치 있는 우리의 문화유산이다.

출처: 『해사일기』, 논형(2018)

▶ 조선통신사 연표

| 회차 | 연도 | 목적 | 정사 | 부사 | 종사관 | 인원 |
|---|---|---|---|---|---|---|
| 1 | 1607년<br>(선조 40년) | 국교회복 회담 겸 쇄환 | 여우길 | 경섬 | 정호관 | 504 |
| 2 | 1617년<br>(광해군 9년) | 오사카 평정축하<br>회담 겸 쇄환(교토) | 오윤겸 | 박재 | 이경직 | 428 |
| 3 | 1624년<br>(인조 2년) | 도쿠가와 이에미쓰<br>취임축하 회담 겸 쇄환 | 정립 | 강홍중 | 이계영 | 460 |
| 4 | 1636년<br>(인조 14년) | 태평성대 축하(닛코) | 임광 | 김세렴 | 황호 | 475 |
| 5 | 1643년<br>(인조 21년) | 도쿠가와 이에쓰나<br>탄생축하(닛코) | 윤순지 | 조경 | 신유 | 477 |
| 6 | 1655~56년<br>(효종 6~7년) | 도쿠가와 이에쓰나<br>취임축하(닛코) | 조형 | 유창 | 남용익 | 488 |
| 7 | 1682년<br>(숙종 8년) | 도쿠가와 쓰나요시<br>취임축하(도쿄) | 윤지완 | 이언강 | 박경후 | 473 |
| 8 | 1711~12년<br>(숙종 37~38년) | 도쿠가와 이에노부<br>취임축하(도쿄) | 조태억 | 임수간 | 이방언 | 500 |
| 9 | 1719~20년<br>(숙종 45~46년) | 도쿠가와 요시무네<br>취임축하(도쿄) | 홍치중 | 황선 | 이명언 | 479 |
| 10 | 1748년<br>(영조 24년) | 도쿠가와 이에시게<br>취임축하(도쿄) | 홍계희 | 남태기 | 조명채 | 475 |
| 11 | 1763~64년<br>(영조 39~40년) | 도쿠가와 이에하루<br>취임축하(도쿄) | 조엄 | 이인배 | 김상익 | 477 |
| 12 | 1811년<br>(순조 11년) | 도쿠가와 이에나리<br>취임축하(쓰시마) | 김이교 | 이면구 | - | 336 |

# 대한문(大漢門)은 원래 대안문(大安門)이었다

## 大漢門 대한문

남 정 철 (南廷哲)

서울시 중구 세종대로 99번지

'대한문(大漢門)'은 덕수궁(德壽宮)의 정문이다. 덕수궁은 원래 월산대군의 사저였다. 임진왜란이 일어나자, 선조임금이 의주로 몽진을 갔다가 다시 서울로 환궁하였는데, 경복궁이 모두 불에 타 거처할 곳이 없었다. 그래서 왕족의 사저로 가장 규모가 크고 온전히 보존된 월산대군의 집을 임시 행궁으로 삼고 거처하였다. 이어 광해군도 이곳에서 즉위하였다. 그리고 광해군이 창덕궁으로 옮겨가면서 이 행궁을 '경운궁(慶運宮)'이라 이름을 지어주었다. 이후 인목대비가 유폐되어 서궁으로 불리다가 고종황제가 거처를 옮겨오기까지는 폐쇄되어 있었다.

폐쇄된 서궁을 다시 고종황제가 거처하는 정궁으로 넓히는 과정에서 원래 서궁, 즉 경운궁의 정문이었던 정남쪽의 인화문(仁化門)을 대신하여 동쪽문인 대안문(大安門)을 정문으로 삼고 새로 현판을 달았는데, 가로 347cm, 세로 124cm 크기였다. 글씨는 행서체로 당시 뛰어난 서예가이며 대한제국 고위 관료를 지낸 민병석(閔丙奭)*이 썼다. 이렇게 쓰인 '대안문' 현판은 1899년 3월부터 1906년 4월까지 현재 자리에 있었으나 지금은 '大漢門'으로 바뀌어 있다.

1904년 경운궁에 대화재가 발생하여 대부분의 전각이 소실되자, 다시 중건하는 과정에서 1906년에 대안문도 수리하였다. 이때 고종황제가 문 이름을 개칭하고 현판을 '大漢門(대한문)'으로 고쳐 달게 하였다.

*〈황성신문〉 1898년 2월 15일자에 "대한문 현판을 쓴 관리로 의정부 참정 민병석을 임명했다"는 기록이 있다.

## 대안문이 대한문으로 바뀌게 된 사연

'大安門(대안문)'이 '大漢門(대한문)'으로 바뀌게 된 사연에는 두 가지의 일화가 존재한다.

### 첫째, 고종황제가 바꾸었다는 일화

- 『고종실록』 47권(1906년, 고종 43년 4월 25일)

중건도감(重建都監) 의궤 당상(儀軌堂上) 이재극(李載克)이 아뢰기를, "경운궁(慶運宮) 대안문(大安門)의 수리를 음력 4월 12일로 길일(吉日)을 택하여 공사를 시작할 것을 상주(上奏)합니다." 하니, 제칙(制勅)을 내리기를, "대한문(大漢門)으로 고치고 아뢴대로 거행하라." 하였다.

重建都監儀軌堂上李載克奏 "慶運宮大安門修理, 以陰曆四月十二日, 擇吉始役之意, 上奏." 制曰 "改以大漢門, 依所奏擧行."

- 『별건곤』 제65호(1933년 7월 1일)

"대한문(大韓門)은 고종이 새로 건축한 덕수궁의 정문이니 이름을 처음에는 대안문(大安門)으로 하얏다가 대안이란 안(安)자가 계집녀 자에 갓 씨운 글자이고 그 대궐 짓자 양장하고 모자 쓴 녀자 배정자의 출입이 빈번하야 상서롭지 못하다는 말쟁이의 말로 인연하야 대한문으로 고치엇다, 이 문이야 말이지 여러 대궐문 중에 제일 나어리고 팔자 사나운 문이다. 이 문이 비린 바람 피부속에서 건축하기 시작하얏스니 말하자면 나흘대부터 병신으로 생긴셈이다, 준공되며부터 조선의 국운은 점점 서산에 떨어지려는 해와 가트며 별별 무서운 꼴 우수운 꼴을 꼴을 다보고 격것다."

첫 번째 기록은 1904년 덕수궁 대화재로 거의 모든 전각이 소실되었는데, 이때 대안문도 화마를 피하지 못하였다. 즉각 경운궁중건도감을 세우고 여러 전각들을 새로 세웠으며, 정문인 대안문도 수리를 마쳤다. 이때 고종황제의 칙령으로 대안문을 대한문으로 바꾸었다는 실록의 기록이다. 대안문 수리내역을 기록한 『경운궁중건도감의궤』 중 〈대한문상량문〉을 보면 '대한(大漢)'이라는 뜻은 '한양이 창대해진다'는 의미를 갖고 있다고 하였다.

두 번째 기록은 일제 강점기 때의 잡지 『별건곤』 제65호(1933년 7월 1일 발행)에 실린 "팔자 곳친 경성 시내, 육대문 신세타령"이란 제목의 기사이다.

이 일화에 의하면 고종황제가 덕수궁을 황제의 궁궐로 개조하였고, 이 과정에서 대안문의 "안(安)자가 계집녀 자에 갓 씩운 글자이고, 그 대궐 짓자 양장하고 모자 쓴 녀자 배정자의 출입이 빈번하야 상서롭지 못하다는 말쟁이의 말"을 듣고 대한문으로 고쳤다는 내용의 잡지 기사이다. 이것은 대한문으로 고친 이유가 '安' 자 즉 모자를 쓴 여자가 이 문을 드나들어 상서롭지 못할 것을 걱정하여 남자를 상징하는 '漢' 자로 바꾸게 되었다는 이야기인데, 이는 공식적으로는 꾸며낸 이야기에 지나지 않는다.

결국, 첫 번째 일화는 경운궁의 대화재로 다시 중건하는 과정에서 고종황제의 명령으로 크게 번창하라는 바람을 담아 安(안)을 漢(한)으로 바꾸었다는 이야기이다.

'大漢門'으로 바뀌기 전의 '大安門' 현판 글씨는 행서에 뛰어난 서예가로 대한제국 고위 관료를 지냈으며, 친일반민족행위자로 인정된 민병석(閔丙奭)이 썼다.

대안문, 국립고궁박물관 소장

## 둘째, 이토 히로부미가 바꾸었다는 일화

'대안문(大安門)'이 '대한문(大漢門)'으로 바뀌게 되었다는 두 번째 일화는 다음과 같다.

임진왜란 때 선조 임금이 의주로 피난을 갔다가 돌아와 월산대군의 사저를 임시행궁으로 삼고 거처하였다. 그리고는 행궁의 대문도 전쟁이 끝나 이제는 편안하다는 뜻이 담긴 안(安)자를 사용하여 '대안문(大安門)'이라 하였다. 이후 계속 대안문으로 불리다가, 1905년 11월 17일에 이토 히로부미(伊藤博文)가 강제로 조선의 외교권을 빼앗아가는 을사늑약을 체결하고, 1906년 3월 2일에 조선 초대 통감으로 부임하였다. 그리고는 선조임금이 이름 붙인 대안문(大安門)의 현판을 떼어내고, 대한문(大漢門)이라는 현판을 걸게 하였다. 이것은 대안문의 '안(安)'이라는 글자가 '편안하다'라는 뜻을 지녔기 때문에, 이토 히로부미가 이를 볼 때마다 불쾌하게 여겼다고 한다. 결국 안(安)이 한(漢)으로 바뀌게 된 것이다. 여기서 '漢(한)'은 '할 일 없이 떠돌아다니는 하찮은 사내'를 뜻하는 부정적 의미를 가져온 것이다. 궁궐의 정문 이름을 바꾸더니 다음으로 궁의 이름도 경운궁에서 덕수궁으로 바꾸었다 한다. "大漢門(대한문)"이라는 현판 글씨는 이토 히로부미의 부탁에 의해 일본귀족 남작(南爵)의 작위를 받은 친일반민족행위자 남정철(南廷哲)이 썼다.

이토 히로부미가 바꾸었다는 이 설은 신뢰가 가지 않는다. 하지만 이런 설이 지금까지도 논쟁이 되는 것으로 볼 때, 이토 히로부미의 영향력이 얼마나 대단했는지를 보여주는 또 하나의 사례가 된다.

1904년 1월 7일 자 이탈리아 L'ILLUSTRAZIONE 인쇄물에 실린 대안문 삽화. 국립고궁박물관 소장.

2021년 덕수궁 대한문

현재 문화재청의 공식적인 입장은 2007년에 궁궐의 현판을 모두 조사하면서 찾아낸 『경운궁중건도감의궤』의 〈대한문상량문〉에 기록된 "황하가 맑아지는 천재일우의 시운을 맞았으므로 국운이 길이 창대해질 것이고 한양이 억만년 이어갈 터전에 자리했으니 문 이름으로 특별히 건다. 대한(大漢)이라는 정문을 세우니…. 단청을 정성스레 칠하고 소한(宵漢·하늘)과 운한(雲漢·은하)의 뜻을 취했으니 덕이 하늘에 합치되도다."를 정설로 삼는다고 한다.

1905년 대한문 엽서, 국립고궁박물관 소장

### 남정철(南廷哲) : 1840년(헌종 6년) ~ 1916년

1882년 과거 급제하여 홍문관 교리가 되고, 1883년 예조참의, 중국 텐진 주재 참찬관, 1884년 공조참판, 텐진 주재 대원을 거쳐 이조·형조·호조참판을 지냈다. 일제강점 이후 1910년 10월 조선귀족령에 의해 일본정부로부터 남작 작위를 받았으며, 1911년에는 2만5천 원의 은사공채를 받았고, 1912년에는 일본 정부로부터 한국병합기념장을 받았다. 글씨를 잘 써 덕수궁 대한문 중수 현판, 태백산 선사양각(璿史兩閣)의 상량문(上樑文) 등을 썼다. 「일제강점하 반민족행위 진상규명에 관한 특별법」에 의거 친일반민족행위자로 규정되었다.

### 민병석(閔丙奭) : 1858년(철종 9년) ~ 1940년

충청도 회덕에서 출생. 호는 시남(詩南)·의재(毅齊). 조선 말기에 동부승지, 이조참판, 평안도관찰사 등을 거치고, 대한제국기에는 농상공부대신, 군부대신, 철도원 총재, 헌병대 사령관, 궁내부대신 등을 지냈다. 일제강점기에는 이왕직장관, 조선귀족회 회장, 중추원 부회장, 조선사편수회 고문 등으로 활동하였다. '경술국적(庚戌國賊)'으로 지탄받았으며, 일본의 자작 작위를 받았다. 1940년 8월 6일 일본 도쿄의 병원에서 사망했다. 「일제강점하 반민족행위 진상규명에 관한 특별법」에 의거 친일반민족행위자로 규정되었다.

> 배정자 : 1870년(고종 7년) ~ 1952년

어린 나이에 일본으로 망명하여 이토 히로부미(伊藤博文)의 양녀가 되었다. 다야마 사다코(田山貞子)로 개명하고 첩보원 교육을 받았다. 1894년 고국으로 돌아와 일본의 조선 정보원으로 활동하였으며, 일제강점기에도 중국 만주와 간도, 러시아를 오가며 계속 친일 밀정활동을 하였다. 특히 태평양 전쟁이 발발하자 조선인 여성 100여 명을 데리고 남양군도로 가서 위안부를 강요하였다. 해방 후 야산에 숨어 살다가 반민족행위처벌법에 의해 1949년 체포·구속되었으며 1952년 2월에 사망했다. 「일제강점하 반민족행위 진상규명에 관한 특별법」에 의거 친일반민족행위자로 규정되었다.

덕수궁 중화전

## 덕수궁(德壽宮) 궁호(宮號)

덕수궁(德壽宮)은 선왕이 선위(왕의 자리를 물려줌)하고 나서 머무르는 궁궐을 뜻하는 말이다. 실제 1907년 일제에 의해 강제로 고종황제가 왕위에서 물러나면서, 그의 아들 순종이 고종의 호를 태황제라 부르고 궁호를 덕수(德壽)라 정한 뒤, 고종이 머물던 경운궁을 덕수궁이라 부르게 되면서 지금까지 이렇게 부르고 있다.

덕수궁이 처음 연경궁이라는 궁호에서 출발하여 지금의 조선시대 5대 궁궐로 자리매김하기까지 어떤 궁호로 불리게 되었는지 알게 된다면, 덕수궁을 이해하는 데 큰 도움이 될 것이다. 처음부터 임금이 거처하는 궁궐로 지어진 것이 아니었기 때문에 궁호의 변천을 살펴보면 조선의 역사가 한눈에 들어온다. 이 궁호의 변천과정을 조선왕조실록을 중심으로 살펴보면, ①연경궁 - ②월산대군 사저 - ③정릉동행궁 - ④경운궁 - ⑤서궁 - ⑥명례궁 - ⑦경운궁 - ⑧덕수궁으로 궁호가 변천하였다는 것을 알 수 있다.

덕수궁의 대표 궁호는 경운궁이었는데, 이 궁호로 불린 역사가 300년이나 된다. 그렇지만 실제 왕궁으로서의 기능을 한 기간은 임진왜란 직후 30년간(1594~1623)과 고종 당시 약 10년간(1897~1907)을 합친 40년 안팎에 불과하다.

## ① 연경궁(延慶宮)

- 『성종실록』 11권(성종 2년, 1471년 7월 24일)

  영응대군(永膺大君) 이염(李琰)의 처(妻) 송씨(宋氏)가 바친 집을 연경궁(延慶宮)으로 고쳤다.

  改永膺大君琰妻宋氏所進第, 爲延慶宮.

  이 연경궁은 예초에 세종대왕의 막내인 여덟째 아들 영응대군(永膺大君) 이염(李琰)의 부인인 부부인(府夫人) 여산 송씨의 사저였는데, 1471년(성종 2년)에 여산 송씨가 이 집을 나라에 바쳐 연경궁으로 고쳤다는 내용이다. 처음으로 궁호(宮號)의 이름을 얻었다.

## ② 월산대군 사저

- 『성종실록』 25권(성종 3년, 1472년 12월 2일)

  호조(戶曹)에 전지(傳旨)하기를, "이제 의묘(懿廟)를 연경궁(延慶宮) 후원(後園)에 세웠으니, 그 연경궁(延慶宮)을 월산대군(月山大君) 이정(李婷)에게 주어라." 하였다.

  傳旨戶曹曰 "今構懿廟于延慶宮後園, 其延慶宮, 賜月山大君婷."

1472년(성종 3년)에 세조의 맏아들인 의경세자(懿敬世子, 1438~1457)를 제사 지내기 위해 의묘(懿廟)*라는 사당을 연경궁 후원에 세우고, 의경세자의 맏아들이자 성종의 친형인 월산대군(月山大君) 이정(李婷, 1454~1488)에게 연경궁을 하사하고 의묘를 봉사(奉祀)하게 했다는 내용이다. 연경궁이 월산대군의 사저가 되었다는 중요한 기록이다. 우리가 잘 아는 바와 같이 이때부터 연경궁은 월산대군의 사저가 된다.

> * 의묘(懿廟): 성종 4년 덕종의 별묘를 연경궁에 짓고 초상화를 후전(後殿)에 봉안하였는데, 후에 폐지하였다. 그 소재지가 자세하지 않다. 『신증동국여지승람』

### ③ 정릉동행궁(貞陵洞行宮)

- 『선조실록』 43권(선조 26년, 1593년 10월 1일)

  상(임금)이 아침에 벽제역(碧蹄驛)을 출발하여 미륵원(彌勒院)에서 주정(晝停)*하고 저녁에 정릉동(貞陵洞)의 행궁(行宮)으로 들어갔다.

  **上朝發碧蹄驛, 晝停于彌勒院, 夕入貞陵洞行宮.**

  > * 주정(晝停): 임금이 궁궐 밖으로 행차할 때 도중에 잠시 머물러 쉬면서 낮에 식사하는 것.

- 『선조수정실록』 27권(선조 26년, 1593년 10월 1일)

  상(임금)이 경사(京師)로 돌아와서 (초4일) 정릉동(貞陵洞)에 있는 고(故) 월산대군(月山大君)의 집을 행궁(行宮)으로 삼았다.

上還京師, (初四日) 以貞陵洞故月山大君宅爲行宮.

1592년 임진왜란으로 선조가 의주까지 피난을 갔다가, 1593년에 서울로 돌아왔지만 궁궐들이 불에 타 소실되었다. 이에 월산대군의 사저에 임시 거처를 정하고 임시 궁궐이란 의미의 '정릉동 행궁'이라고 불렀다.

### ④ 경운궁(慶運宮)

- 『광해군일기』[정초본] 46권(광해 3년, 1611년 10월 11일)
  정릉동 행궁의 이름을 고쳤다. 경운궁(慶運宮)이라고 했다.
  **以改貞陵洞行宮名爲慶運宮.**

- 『광해군일기』[중초본] 46권(광해 3년, 1611년 10월 11일)
  정릉동 행궁의 이름을 고쳤다. (흥경궁(興慶宮)으로 하려고 했는데, 정원에 전교하기를, "이것은 전에 썼던 궁호이니 적절하지 않은 것 같다. 합당한 궁호를 여러 개 써서 아뢰라." 하였다.) 드디어 고쳐서 경운궁(慶運宮)이라고 하였다.
  **以改貞陵洞行宮名爲(爲興慶宮, 傳于政院曰: "此乃前代宮號也, 似爲不妥. 可合宮號多數書啓." 遂改爲)啓慶運宮.**

정릉동 행궁에서 선조의 뒤를 이어 즉위한 광해군이 임진왜란으로 훼손된 창덕궁의 수리가 끝나자, 창덕궁으로 임금의 거처를 옮기면서 남게 된 행궁을 '경운궁(慶運宮)'이라 이름을 지었다. 이로써 정식 궁호를 가지게 되었다.

## ⑤ 서궁(西宮)

- 『광해군일기』[중초본] 123권(광해 10년, 1618년 1월 30일)

존호(尊號)를 낮추고 전에 올린 본국의 존호를 삭제하며, 옥책(玉冊)과 옥보(玉寶)를 내오며, 대비라는 두 글자를 없애고 서궁이라 불렀다.

貶尊號, 削前上本國尊號, 出玉冊, 玉寶, 去大妃二字, 稱西宮.

- 『인조실록』 2권(인조 1년, 1623년 7월 12일)

상(임금)이 경운궁(慶運宮)에 딸린 가옥을 그 주인에게 되돌려 주게 하였다. 당초 임진왜란 때 궁궐이 불타버리자 선조가 돌아온 뒤 임시로 정릉동의 민간 백성 집에 거처하면서 경운궁이라 말하였는데, 그 뒤에 광해군이 인목대비(仁穆大妃)를 유폐시키고 서궁(西宮)이라 불렀다. 이때 이르러 선조(先祖)가 침전(寢殿)으로 쓰던 두 군데를 제외하고 나머지는 모두 본래 주인에게 되돌려 주라고 하교하였다.

上命以慶運宮所屬家舍, 還給其主. 初壬辰之亂, 宮闕灰燼, 宣廟回鑾之後, 權御于貞陵洞閭閻家舍, 謂之慶運宮. 後光海幽閉大妃, 稱以西宮. 至是下敎, 先朝寢殿兩所外, 餘皆還于本主.

경운궁이 서궁이라 불리게 된 것은, 광해군이 영창대군을 죽이고 1618년에 인목대비를 경운궁에 유폐하고서, 이곳을 폄하하려고 '서궁'이라 불렀다. '서궁'은 경운궁을 지칭하는 말이지만, 한편으로는 '인목대비'를 지칭하기도 한다.

### ⑥ 명례궁(明禮宮)

- 『영조실록』 113권(영조 45년, 1769년 11월 2일)

　임금이 황화방(皇華坊) 명례궁(明禮宮)에 거둥하였다. 명례궁은 곧 인조(仁祖)가 계해년에 즉위한 곳으로, 본래의 이름은 경운궁(慶運宮)이었다. 임금이 『실록(實錄)』을 상고하도록 명하여 이를 알고 마침내 거둥하여 살펴본 것인데, '양조에서 모두 거둥하셨다[兩朝皆御]'는 네 글자와 '계해년에 즉위하신 당[癸亥卽阼堂]'이라는 다섯 글자를 친히 쓰고, 현판을 걸도록 명하였으니, 대개 선묘(宣廟, 선조)께서도 또한 임진년 이후에 이 궁에서 거처했었기 때문이었다.

　上幸皇華坊明禮宮. 宮卽仁祖癸亥卽位之所, 本名慶運宮. 上命考實錄而知之, 遂臨幸看審, 親書 '兩朝皆御' 四字, 及 '癸亥卽阼堂' 五字, 命揭板, 蓋宣廟亦於壬辰後, 御此宮故也.

　명례궁(明禮宮)*은 세조가 즉위하기 이전 수양대군 시절에 살았던 저택으로, 이후 이곳은 비빈들이 거처하는 속궁(屬宮, 왕과 왕비에게 별도로 주어진 거처)이 되었다. 명례궁에서 살았던 비빈들로는 인목대비, 장렬왕후, 인현왕후, 혜경궁 홍씨, 효의왕후, 순원왕후, 철인왕후, 명성왕후 등이 있다. 특히 인조의 생모인 구씨(具氏)가 살던 저택이 되면서, 인조 때 다시 명례궁으로 개칭하였다.

* 명례궁은 처음에 인목대비의 개인재산을 관리하는 기구로 출발하였다. 이는 인목대비의 친정집이 명례방에 있었기 때문이다. 이렇게 출발한 명례궁은 선조와 인목대비의 가례(嘉禮)를 계기로 형성된 명례궁 재산이 어느 때는 인목대비에게 속하고, 어느 때는 광해군에게 속하다가 결국 왕실의 내수사에 속하게 되었다.

### ⑦ 덕수궁(德壽宮)

- 『순종실록』 1권(순종즉위년, 1907년 8월 2일)

이달 1일은 음력 정미년(丁未年) 6월 23일이다.

2일 궁내부대신(宮內府大臣) 이윤용(李允用)이, '태황제궁의 호망단자(號望單子)를 덕수(德壽)로, 부(府)의 호망단자를 승녕(承寧)으로 의정(議定)하였습니다.'라고 상주(上奏)하니 윤허하였다.

一日. (陰曆丁未六月二十三日) 二日. 宮內府大臣李允用以 "太皇帝宮號望'德壽', 府號'承寧', 議定上奏." 允之.

1907년 폐위된 고종황제가 이곳에 머물게 되자, 순종황제가 폐위된 고종의 호를 태황제라 하고 궁호를 '덕수(德壽)'라 정한 뒤, 경운궁을 '덕수궁(德壽宮)'으로 명명하였다. 태조(太祖) 이성계(李成桂)가 퇴위한 후 상왕으로 머물던 곳이 개성의 덕수궁(德壽宮)이었던 것에서 유래하여 상왕의 대명사처럼 사용되었다.

## 망월사 현판엔 조선의
## 슬픈 역사가 새겨 있다

### 望月寺 망월사

원 세 개(袁世凱)

경기도 의정부시 망월로28번길 211-500

서울 북쪽으로 지하철1호선을 타고 가다 보면 서울과 의정부의 경계지점인 곳에 망월사라는 역이 있다. 아마도 망월사라는 절이 이 역 주변에 있다는 말일 것이다. 하지만 실제 망월사역에서 망월사를 찾기란 매우 어렵다. 역에서 꽤나 멀리 떨어져 있기 때문이다. 역에서 내려 망월사를 찾아가는 길은 거의 등산이나 다름없다. 왜 이렇게 역사에서 보이지도 않는 절 이름을 역사 이름으로 지었을까? 알 길이 없다.

'망월사'라는 절은 도봉산 속에 포근히 자리 잡은 그리 크지 않은 사찰이다. 그런데 이 절 안에는 의미심장한 현판이 하나 걸려 있다. 바로 요사채(절에 있는 승려들이 거처하는 집)의 무위당(無爲堂)에 있는 '望月寺(망월사)'라는 현판이다.

이 현판에 대해 한마디로 말한다면, 조선말기 강대국에 휩싸여 비틀대며 망해가던 나라, 조선의 슬픈 이야기가 새겨져 있는 현판이다. 글씨를 쓴 사람은 우리나라 사람이 아닌 중국 사람이다. 현판이 이 절에 걸린 때는 당시 중국은 청나라였고, 우리나라는 조선말기 고종 때였다.

또 낙관을 자세히 보면 '주한사자원세개(駐韓使者袁世凱) 광서 신미중추지월(光緒 辛未仲秋之月)'이라 쓰여 있다. 즉, 원세개(袁世凱, 위안스카이)라는 사람이 광서 17년(1891년) 가을에 썼다고 표시되어 있다. 이 시기만 해도 조선이 청나라에 절대적으로 사대를 하던 시기였다. 그런데, 왜! 청나라 사신 원세개가 도봉산 망월사에 이런 현판을 써서 걸었을까? 무척이나 궁금하다?

망월사는 639년(선덕여왕 8년)에 해호 화상이 창건한 천년고찰이다. 신라의 수도 경주 월성을 바라보며 왕실의 안녕과 발전을 기원했다고 해서 '망월사(望月寺)'라 했다.

이 현판이 탄생하게 된 연유에는 절대 잊을 수 없는 조선의 비극이 한 자리를 차지한다. 바로 1882년에 일어난 임오군란(壬午軍亂)이다.

임오군란은 1882년(고종 19년) 즉, 임오년에 훈련도감에서 해고된 구식 군인들이 밀린 봉급으로 받은 불량한 쌀이 발단되었다. 이는 구식 군대의 군인들이 일으킨 군란이다. 일본식 신식 군대인 별기군(別技軍)과의 차별대우와 밀린 급료에 대한 불만을 품고 일으킨 군대의 반란이었다.

결국 임오군란으로 실각한 흥선대원군과 척화파가 다시 정권을 잡았으나, 왕비인 명성왕후를 제거하지 못하였고, 또 조선 정부가 청나라에 도움을 요청하여 청나라 군대가 개입하면서 난이 진압되었다. 이때 청나라 군대의 일원으로 온 사람이 바로 원세개(袁世凱, 위안스카이)이다. 원세개는 청나라 말기 북양대신 리홍장(李鴻章)의 총애를 받았으며, 1882년 그의 명령에 의해 오장경(吳長慶, 우창칭) 부대가 임오군란을 진압하기 위해 조선에 진출할 때, 그 막하에 있으면서 23세의 나이에 오장경을 따라 조선에 들어왔다. 직접 반란군을 진압하는 데 참여하였고, 흥선대원군을 청나라로 압송하는 데에도 적극적으로 활약

했으며, 1884년에 일어난 갑신정변 때에는 고종을 구출하는 등 활약을 펼쳤다. 그런데 이때 들어온 청나라 군대는 난이 진압된 후에도 돌아가지 않고 조선에 남아 온갖 횡포와 만행을 일삼았다. 원세개도 1885년 리홍장의 명을 받아 서울에 주재하면서 청나라의 조선 주재 총리교섭통상사의(總理交涉通商事宜)가 되어 조선의 내정과 외교를 간섭하고 청나라의 대조선 정책을 도맡았다. 그러면서 조선의 공식행사에 참석하여 왕보다 상석에 앉았고, 궁궐 내에서도 말과 가마를 타고 다니는 등 오만방자한 행동을 하였다. 조선에서 자신의 세력을 확장하면서 일본에 대항하던 그가 청일전쟁이 일어나기 직전인 1894년 6월 21일에 갑자기 본국인 청나라로 돌아가 버린다. 아마도 청나라와 일본 사이에 조선 땅에서 전쟁이 일어날 것을 감지하고 재빨리 도망을 간 것은 아닐까?

1882년에 조선에 와서 1894년에 청나라 본국으로 돌아가기까지 원세개는 조선에서 무소불위의 온갖 만행을 저질렀다. 이 만행을 두고 어떤 사람들은 그가 조선에 있었던 12년의 기간은 우리나라 역사상 가장 치욕적인 순간이었다고 말을 한다. 그만큼 그의 만행은 상상을 초월했다. 심지어 매일 조선의 여자를 바꿔가며 능욕을 했으며, 본국으로 도망가면서까지 첩이었던 조선 여인 세 명을 데리고 갔다. 더 비참한 것은 그의 만행을 아무도 말리지 못했다는 것이다. 임금인 고종조차도 모른척했다는 것이다. 이런 만행과 오만방자한 행동을 한 원세개가 조선에 남기고 간 흔적이 있으니 이것이 바로 망월사의 현판이다.

원세개는 본국을 떠나온 지 10년이 될 무렵인 1891년 가을에 자신의 고향을 생각하면서 망월사를 찾았을 것이다. 달이 가장 크게 뜨는 추석 대보름에 달을 이름으로 삼은 망월사를 찾아 고향을 떠나온 심정을 달래지나 않았을까? 그리고 그 기념으로 '望月寺'라고 써 주지 않았을까 생각해 본다. 하지만 그에게는 고향을 그리는 추억의 현판이 되었지만, 우리에게는 그의 만행에 의해 죽어간 조선의 넋이 서려 있는 슬픈 현판이 되고 말았다.

## 원세개(袁世凱, 위안스카이) : 1859년 ~ 1916년

고향에서 과거시험에 낙방한 뒤 경군통령(慶軍統領)인 오장경(吳長慶, 우창칭)의 막하에 들어가 군인이 되었다. 1882년 오장경을 따라 임오군란을 진압하러 조선에 왔다. 임오군란을 진압하고도 돌아가지 않고, 조선주재 총리교섭통산대신이 되어 조선의 내정과 외교를 간섭하고 청의 세력 확장을 꾀했다. 그러다 청일전쟁 직전에 도망갔다. 본국인 청나라로 돌아간 후 서태후(西太后)의 신임을 얻어 승승장구하였다. 리훙장이 죽은 뒤 직례총독(直隷總督)과 북양대신이 되어 세력을 확대시키고, 1911년 신해혁명으로 총리대신이 되어 청나라 조정의 실권을 잡았다. 그리고 황제를 퇴위시켰다. 혁명 후 보수세력과 혁명세력의 분열을 막고 평화롭게 사태를 해결할 수 있는 유일한 인물로 간주되어 중화민국의 초대 대총통이 되었다. 그리고 스스로 황제라 칭하였다. 1915년 윈난에서 그를 반대하는 봉기가 일어나고 전국에서 반원(反袁)운동이 확대되면서 영국·러시아·일본 등 주변 강대국의 견제를 받아 황제제도를 취소하였다. 그 후 계속된 반원운동의 소용돌이 속에서 1916년 6월에 죽었다.

## 오무장공사(吳武壯公祠)

　서울 연희동에는 한성화교중고등학교가 있다. 이곳은 우리나라에 거주하는 화교집단이 세운 중국식 학교로 물론 학생들도 화교의 자손들이다. 그런데 이곳에는 우리나라 학교와 달리 교내에 사당이 존재하는데 바로 '오무장공사(吳武壯公祠)'이다. 사당이란 누군가를 기리며 제사를 지내는 공간인데 이곳에서 기리는 인물은 누구일까? 바로 오장경(吳長慶, 우창칭)이다.
　오장경은 1882년 조선에서 임오군란이 일어나자 조선 정부의 요청으로 이를 진압하기 위해 파견되어 온 청나라 해군제독으로 4,500명의 청나라 군사를 이끌고 바다를 건너 서울로 들어와 용산에 주둔하면서 임오군란을 진압했다. 그는 난을 진압하는 과정에서 무고한 백성들을 죽이고 임오군란에 참여한 군인들을 무참히 살해했으며, 조선의 내정과 외교에도 깊이 개입했다. 난을 진압한 이후에도 조선에 남아 병권을 장악하다가 1884년 부하 원세개(袁世凱, 위안스카이)에게 임무를 맡기고 돌아갔다. 오장경이 죽은 후 선비 우규명(禹圭命)이 그를 기리는 사당을 세우자고 고종에게 건의하여 1885년에 정무사(靖武祠)*라는 사당이 세워졌다.

*　정무사는 처음에 지금의 동대문역사문화공원 안에 세웠다.

- 『조선왕조실록』 고종실록 21권

"평산의 유학자 우규명이 상소하여 오제독(吳提督)의 공로를 기념하고자 사당을 세워줄 것을 청하니, 비답하기를 '진달한 것에서 공론을 볼 수 있다.' 하였다."

平山幼學禹圭命疏, 請吳提督記勳立祠, 批曰 "所陳可見公議也."

이 사당은 청일전쟁이 일어날 때까지는 제사를 조선 정부에서 주관하였으며, 그 뒤로는 화교(華僑) 사회가 맡았다. 이렇게 세워진 정무사(靖武祠)에 원세개가 중화민국의 초대 대총통이 된 후 자신의 옛 상관이었던 오장경을 추모하는 마음으로 현판을 써서 보냈는데, 그것이 '吳武壯公祠(오무장공사)'이다. 이후 사당 이름도 '오무장공사'로 바꿔 부르게 되었다.

1969년 명동에 있던 한성화교중고등학교가 연희동으로 이전되면서, 동대문역사문화공원 안에 있던 오무장공사도 1979년에 한성화교중고등학교로 옮겨 왔다. 현재도 우리나라에 거주하는 화교(華僑) 사회가 이 사당을 관리하고 제사를 지내오고 있으며, 오장경을 한국 화교의 비조(鼻祖)로 여기고 있다. 이러한 연유로 사당이 있는 연희동에 화교가 많이 거주하게 되었다. 별로 유쾌하지 않다. 부당한 대우에 저항하다 다른 나라의 군인들에 의해 무참히 죽어간 우리 군인과 백성들을 생각한다면, 단지 국가의 안위보다 자신의 안위만을 생각한 고종과 명성황후를 생각한다면….

결국, 다른 나라의 군대를 끌어들여 자신의 안위는 보존하였지만, 나라는 위태로운 지경에 이르렀고 패망의 길로 접어들게 되었으니….

고종이 오장경에 대하여 어떻게 생각했는지는 『조선왕조실록』에 잘 나타나 있다.

- 『고종실록』 29권(고종 29년, 1892년 12월 25일)
"전교하기를, '정무사(靖武祠)는 오제독(吳提督, 吳長慶)을 위하여 세운 사당인데 옛일을 돌이켜 생각하면 감회가 깊다. 나는 언제나 오통령(吳統領)이 처음 우리나라에 와서 수고한 것을 간절히 생각하며 오래도록 잊지 않고 있으니 마땅히 보답하는 일이 있어야 할 것이다. 예조(禮曹)로 하여금 택일하여 제사를 지내게 하고 모든 절차도 각 기관으로 하여금 규례를

따라 거행하게 하라. 그날 예조 참판(禮曹參判)을 보내어 제사를 지내게 하고 제문(祭文)은 예문관(藝文館)에게 짓게 하고, 관군으로서 함께 제사 지낼 만한 사람에 대해서도 모두 보고하고 거행하라.' 하였다."

教曰: "靖武祠爲吳提督(長慶) 創建也. 睠言興感, 予懷每切. 吳統領兆有東來勞勸, 久而不忘, 宜其有追報之擧. 其令禮曹擇日從享, 諸般節次, 亦令各該司照例擧行. 伊日遣禮曹參判致祭, 祭文令藝文館撰出, 官弁之可合配食者, 一體稟旨擧行."

오무장공사(서울시 서대문구 연희로 176)

### 오장경(吳長慶, 우장칭) : 1834년 ~ 1884년

청나라 말기에 안후이성 루장현 출신으로 리훙장의 막하에서 태평천국군과의 전투에 승리하면서 제독이 되고, 산둥성 군무를 보좌하다가 1882년 조선에서 임오군란이 일어나자 휘하 부대를 이끌고 조선으로 들어와 군란을 진압하였다. 1884년에 본국으로 돌아가 진저우를 지키다 병사하였다. '무장(武壯)'이라는 시호를 받았다.

## 물이 흐르는 것 같은 신비스런 글씨

### 智異山泉隱寺 지리산천은사

이 광 사(李匡師)

전남 구례군 광의면 노고단로 209

　　전남 구례의 지리산 천은사 일주문에는 원교(圓嶠) 이광사(李匡師, 1705~1777)가 물이 흐르는 것 같은 물결체로 쓴 '智異山泉隱寺(지리산천은사)'라는 현판이 걸려있다.

　　일주문(一柱門)이란,
　　사찰로 들어가기 위해서 만나는 첫 번째 문으로 일직선상의 두 기둥 위에 지붕을 얹는 독특한 형식으로 세운 문이다. 이 문은 일심(一心)을 상징한다. 부처님의 세계로 들어가 일심의 마음을 가져야 한다는 의미가 있다. 즉, 사찰 금당(金堂)에 안치된 부처의 경지를 향하여 나아가는 수행자는 먼저 지극한 일심으로 부처나 진리를 생각하며 이 문을 통과하지 않으면 안 된다는 뜻이 내포되어 있다. 건축양식은 주로 다포계(多包系) 맞배지붕을 하고 있는데, 특히 이 문에는 사찰의 이름을 나타내는 현판(懸板)을 걸어 사찰의 품격을 높여준다.

우리는 '智異山泉隱寺'라는 현판을 보는 순간 범상치 않다는 것을 알게 된다. 이는 글씨가 여느 현판과 달리 세로로 쓰여져 있기 때문이다. 세로로 쓰인 데는 그만한 이유가 있다.

천은사는 원래 이름이 '감로사(甘露寺)'였다. 절 안에 감로천(甘露泉)이라는 샘이 있었기 때문에 이렇게 이름을 지었다. 감로사도 임진왜란이 일어나 많은 피해를 입었다. 이후 100여 년 동안 방치되어 오다가 숙종 때에 이르러 중건을 하게 되었다. 그런데 중건을 하는 도중에 우물가에서 커다란 구렁이가 출몰하였다. 이를 본 사람들이 너무 놀라 그만 구렁이를 잡아 죽였다. 그 후 구렁이가 출몰했던 우물, 즉 감로천에서는 물이 나지 않았다. 그래서 이런 일이 있는 이후로 사람들이 절 이름을 샘이 사라졌다는 뜻인 '천은사(泉隱寺)'라 불렀다. 이렇게 천은사라는 이름을 얻은 이후로 원인 모를 불이 자주 발생하여 피해가 반복되었다. 이를 본 마을 사람들이 절 안의 물기운(水氣)을 지켜주는 구렁이를 죽였기 때문이라며 두려워하였다. 그러던 중 우연히 이곳에 묵게 된 당대 명필 이광사(李匡師)에게 전각의 현판 글씨를 써 줄 것을 부탁하였다. 이광사는 이 전설 같은 이야기를 듣고 심혈을 기울여 현판 글씨를 쓰게 되었다. 이렇게 탄생한 것이 바로 일주문에 걸린 '智異山泉隱寺(지리산천은사)'라는 현판이다. 그런데 일주문에 이광사가 써 준 현판을 붙인 뒤로는 신기하게도 절에 불이 나지 않았다고 한다.

원교(圓嶠) 이광사(李匡師)는 불의 기운을 제압하기 위해 물의 기운을 끌어오기로 마음먹고 글씨를 세로로 배치하였다. 이는 물이 위에서 아래로 흐르는 원리에 착안한 것이다. 그리고 글 자체도 마치 물이 흐르듯 획마다 힘을 넣었다 뺐다 하면서 가지런하지 않고 꿈틀대며 흐르는 모양으로 썼다. 이를 본 사람들은 이 글씨를 수체(水體)라 불렀다.

현판을 가만히 보면, 이광사가 심혈을 다해 글씨에 물이 흐르는 것 같은 생동감을 주어 불의 기운을 다스리려는 의도가 반영된 것으로 보인다. 이광사의 이런 노력으로 이 현판은 창의적이고 개성이 넘치는 독보적인 현판이 되었다. 원교가 장소와 시대에 맞는 실용적인 글씨를 썼다는 것을 증명하는 것이다. 이것이 원교가 완성했다는 '동국진체'인 것이다.

천은사에는 이 외에도 '極樂寶殿(극락보전)'과 '冥府殿(명부전)'의 현판이 있는데, 이것 또한 이광사가 쓴 것으로 볼만하다. 천은사에 가면 조선 4대 명필 중의 한 사람인 원교 이광사의 글씨를 제대로 볼 수가 있다. 참으로 즐거운 일이다.

## 이광사(李匡師) : 1705년(숙종 31년) ~ 1777년(정조 1년)

호는 원교(圓嶠), 수북(壽北)이며, 예조판서 이진검(李眞儉)의 아들이다. 집안이 소론으로 정권으로부터 멀어지자 1721년(경종 1년)에 아버지 이진검이 밀양으로 유배 가서 죽었고, 1755년(영조 31년)에는 원교 자신도 큰아버지 이진유의 처벌에 연좌되어 함경도 부령으로 유배되었다. 유배지에서 백성들을 선동한다는 죄로 전라도 신지도로 유배지가 옮겨졌다. 73세 되던 1777년에 풀려나지 못하고 유배지 신지도에서 생을 마감했다. 정제두(鄭齊斗)로부터 양명학(陽明學)을 배웠고, 윤순(尹淳)의 문하에서 글씨를 익혔다. 시·서·화에 모두 능하였으며, 특히 글씨에서 원교체(圓嶠體)를 창안하여 후대에 많은 영향을 끼쳤다. 서예의 이론서로 『원교서결(圓嶠書訣)』과 『원교집선(圓嶠集選)』 등이 있다.

# 국가 보물 원교 이광사의 서첩과 서결

보물 1677호. 원교 이광사 서첩『員嶠法帖』. 국립중앙박물관 소장.

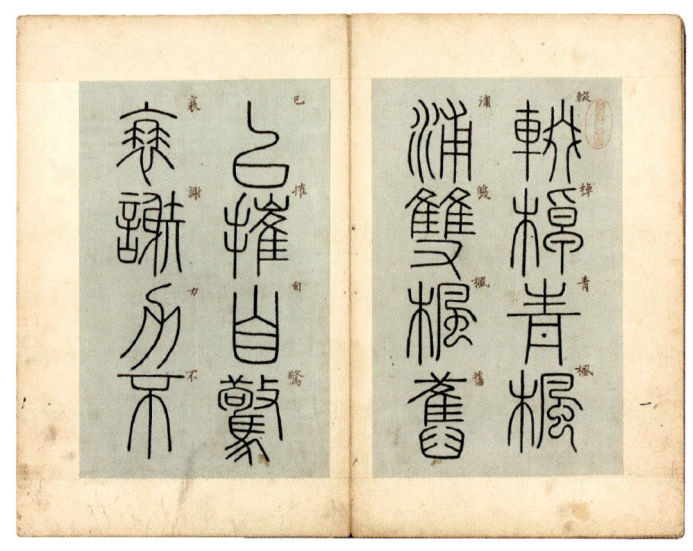

『원교법첩』은 원교 이광사의 글씨를 모아 엮은 서첩(書帖)으로, 가로 23.3cm, 세로 35.2cm이며, 총 40쪽이다. 제작연대는 정확히 알 수 없으나, 서첩에 찍힌 인영(印影)의 대부분이 유배가기 전에 사용한 것과 같기 때문에 나주벽서사건에 연루되어 유배가게 된 1755년(영조 31년) 이전에 제작한 것으로 보인다.

　서첩의 1쪽에서 25쪽은 밝은 옥색 비단에 먹물 글씨, 26쪽에서 34쪽은 아주 옅은 옥색 비단에 먹물 글씨, 35쪽에서 45쪽은 흑색 비단에 금니(金泥: 아교에 갠 금박가루)로 글씨를 썼다. 서첩 내용은 당(唐)나라의 두보(杜甫) 시를 쓴 것으로, 모두 18수의 오언시(五言詩)이다. 이 서첩에는 글씨의 다섯 가지 형태인 전서·예서·해서·행서·초서를 모두 사용하였다.

　현재 전해지는 이광사의 여러 서첩 중에서 전형적인 서첩 구성 방식을 보여주고 있으며, 그의 서예 이론을 대변하는 작품으로 보존상태도 매우 양호하다. 2010년 10월 25일 보물 제1677호로 지정되었다.

　보물 제1969호로 지정된 '이광사 필 서결(李匡師 筆 書訣)'은 조선후기 대표적 서예가 중 한 명인 원교 이광사가 지은 서예 이론서『서결(書訣)』중, 전편(前篇)에 해당하는 내용을 필사한 것이다. 건(乾)·곤(坤)·부(附) 3첩으로 구성되었으며, '곤' 첩의 마지막에 이광사가 1764년 6월 1일 큰아들 이긍익(李肯翊)에게 써서 준다는 글이 있다.

내용은 서예의 기본적인 필법에 관한 것으로 이론과 평론을 겸했던 이광사의 면모와 필력을 잘 보여주는 서예작품이다. 조선시대를 통틀어 매우 희귀한 서예이론이자 우리나라 서예이론 체계를 연구하는 데 없어서는 안 될 중요한 자료이다. 해서·행서·초서 등 다양한 서체를 혼용해 독특한 조화미를 이룬 점 등 예술적인 작품성 또한 뛰어나다. 주로 위부인(衛夫人)의 필진도(筆陣圖)와 왕희지(王羲之)의 필진도후(筆陣圖後)에 입각하여 필법에 대한 설명과 서(書)를 배우는 순서 및 중국의 서예가들이 말한 서법에 대해 자신의 의견을 붙여 설명하였다. 이 '서결'은 우리나라 서예사에서 매우 큰 위상을 차지한다.

# '깨달음'의 경지에 이르다

## 尋牛莊 심우장

유 치 웅(俞致雄)

서울시 성북구 성북로29길 24

심우장(尋牛莊)은 만해 한용운 스님이 말년을 보낸 곳이다. 국가지정문화재 사적 제550호로 지정되었다.

단아하고 간결하면서도 고고한 '尋牛莊(심우장)' 현판은 만해 스님이 서재로 쓰던 심우장 오른쪽 방문 위에 걸려 있다. 이 현판은 일창(一滄) 유치웅(兪致雄, 1901~1998)이 쓴 글씨이다. 일창은 한국 근·현대기를 대표하는 서예가이자 교육자, 그리고 시조 시인이다. 특히 서예에서는 초서(草書)에 독보적인 경지를 일구었다고 평가받는다.

심우장은 3.1독립만세운동의 33인 대표 중 한 사람인 만해 한용운 선생이 1933년에 성북구에 지은 한옥이다. 그런데 특이하게도 북향집이다. 집을 짓는 기본이 남향인데, 이를 무시하고 북향을 택한 것이다. 그 이유를 안다면 누구도 수긍하지 않을 수 없을 것이다. 남쪽 방향으로 터를 잡으면 조선총독부와 마주 보게 되므로 이를 거부하고 북향으로 터를 잡았기 때문이다. 이처럼 일본 제국주의에 철저하게 저항하는 삶을 살았던 만해 한용운은 끝까지 지조를 지키며 일제에 항거하였다. 만해는 말년을 이곳에서 참선을 하고 집필 활동을 하면서 보내다가, 1944년에 끝내 광복을 보지 못하고 입적하였다.

만해 한용운 선생이 성북동에 심우장을 지었다는 소문이 퍼지자 찾아오는 사람들이 꽤 많았다고 한다. 벽초 홍명희를 비롯하여 정지용, 조지훈, 만공 스님 등 당대 유명 인사들이 이곳 심우장을 찾아 만해 한용운 선생을 만났다고 한다. 현판을 쓴 일창 유치웅도 성북동에 거주하면서 이곳을 자주 방문하였고, 이런 인연으로 심우장의 현판을 쓰게 되었다.

'심우(尋牛)'란, 소를 찾는 동자(어린이)가 망과 고삐를 들고 산속을 헤매는 것으로, 처음 발심한 수행자가 아직은 선이 무엇이고 본성이 무엇인지를 알지 못하는 상태에서 그것을 찾겠다는 일념으로 공부에 임하는 것을 말한다. 즉, 인간의 본성을 찾아 깨달음의 경지에 이르게 하는 초심의 수행단계이다. 식민지의 암울한 시대를 살아가던 만해 스님이 새로운 거처를 마련하고 그곳에서 깨달음의 경지를 이루고자 이름을 '심우장(尋牛莊)'으로 지었다.

심우장 현판을 가만히 보면 비록 현판의 주인은 가고 없지만, 만해 스님이 그토록 이루고자 했던 깨달음의 경지가 글씨에 그대로 투영되어, 깨달음이 무엇인지 말하고 있는 것 같다.

원래 심우장의 현판은 위창 오세창(葦滄 吳世昌, 1864~1953) 선생이 썼다고 알려졌지만, 지금은 사라지고 일창 유치웅 선생이 쓴 현판이 걸려있다. 심우장이 지어지고 처음 걸린 현판이 오세창 선생이 쓴 현판이라는 것은 분명하다. 그런데 지금은 오간 데 없으니 어찌 된 일인지 알 수가 없다.

지금의 심우장이 세간에 널리 알려지게 된 것도 오세창 선생이 썼다는 현판의 힘이 크게 작용하였다고 해도 지나친 말은 아닐 것이다. 오세창 선생이 썼다는 심우장 현판을 본 적이 없기 때문에 그 경지가 어느 정도인지는 알 수가 없다.

현재 걸려 있는 유치웅 선생의 글씨도 심우장의 중심축에서 밀려나 있지만, 전혀 치우침을 느낄 수 없을 정도로 깨달음의 경지에 이르렀다고 할 수 있다. 앞으로 심우장에 가면 오세창을 찾을 것이 아니라 유치웅을 찾아야 할 것이다.

### 유치웅(兪致雄) : 1901년 ~ 1998년

호는 일창(一滄)이며, 충남 부여 출신이다. 초서로 독보적인 경지에 오른 서예가이다. 아버지 우당 유창환의 대를 이어 한국 서예계를 대표하는 인물로, 학교법인 명지학원 이사장을 지냈다.

### 한용운(韓龍雲) : 1879년 8월 29일 ~ 1944년 6월 29일

법호는 만해(萬海)이며, 충남 홍성 출신의 시인·승려·독립운동가이다. 충훈부 도사를 지낸 아버지 한응준(韓應俊)과 어머니 온양 방씨 사이에서 차남으로 태어났다. 1896년 설악산 오세암(五歲庵)에서 출가하여 승려가 되었으며, 1919년 '3.1독립만세운동' 때 민족대표 33인의 한 사람으로서 독립선언서에 선언하고 참여하였다. 1920년 3.1운동 주동자로 잡혀 3년 동안 감옥살이를 하였다. 출옥 후에도 강연, 저술 등 여러 방법으로 독립운동에 힘을 쏟다가 1944년 6월 29일 성북동의 심우장(尋牛莊)에서 중풍으로 입적했다. 저서로 『님의 침묵』, 『조선 불교 유신론(朝鮮佛教維新論)』 등이 있다.

# 심우도(尋牛圖)

심우도는 주로 사찰 법당의 외벽에 벽화로 많이 그려져 있다. 심우도의 원류는 중국 송나라 때 만들어진 보명(普明)의 「목우도와 곽암(廓庵)」의 「십우도송(十牛圖頌)」인데, 조선시대까지 이 두 가지 유형이 함께 그려졌으나 근래에는 대체로 곽암의 것이 많이 그려지고 있다.

소를 찾는 과정을 단순하게 그린 것 같지만, 그 뜻은 인간의 본성을 찾아 깨달음의 세계에 이르는 깊고 심오한 불교의 선종 사상을 담고 있다.

출처 : 시공불교사전(곽암의 심우도)

| 7. 忘牛存人(망우존인) | 8. 人牛具忘(인우구망) |
|---|---|
|  |  |
| 9. 返本還源(반본환원) | 10. 入廛垂手(입전수수) |
|  |  |

### 1. 尋牛(심우)

　소를 찾는 모습

　소를 찾는 모습에서 처음으로 발심(發心)한 수행자가 선이 무엇이고 본성이 무엇인지 알지 못하는 상태에서 그것을 찾겠다는 열의로 공부에 임하는 것을 상징한다.

### 2. 見跡(견적)

　소 발자국 발견

　소 발자국을 발견한 모습으로 열심히 공부하여 본성의 자취를 어렴풋이 느끼게 된다는 것을 상징한다.

### 3. 見牛(견우)

　소를 발견한 모습

　소를 발견한 모습으로 이는 본성을 보는 것이 눈앞에 다다랐음을 상징한다.

### 4. 得牛(득우)

　소를 찾아 얻은 모습

　소를 찾아 얻은 모습으로 아직 번뇌에 단련되지 않은 거친 소를 얻은 상태로 더욱더 정진하여 거친 본성을 다듬어야 하는 것을 상징한다.

### 5. 牧牛(목우)

소를 길들이는 모습

소를 길들이는 모습으로 거친 소를 길들여 방목하더라도 스스로 갈 수 있게 하는 단계인 보임(保任: 깨달은 바를 더욱 갈고 닦음)의 과정을 상징한다.

### 6. 騎牛歸家(기우귀가)

소를 타고 피리를 불며 돌아오는 모습

소를 타고 피리를 불며 돌아오는 모습으로 드디어 번뇌에서 벗어나 본성을 찾고 피안의 세계에 나아가게 됨을 상징한다.

### 7. 忘牛存人(망우존인)

소는 사라지고 혼자 남은 모습

소는 사라지고 혼자 남아 있는 모습으로 소는 심원에 도달하기 위한 방편으로 소를 잊고 자신의 존재를 알아야 함을 상징한다.

### 8. 人牛具忘(인우구망)

자기 자신도 잊어버린 상태

자기 자신도 잊어버린 상태로 깨달음 경지인 공(空)의 세계에 도달하였음을 상징한다.

### 9. 返本還源(반본환원)

　근원으로 되돌아간 모습

　근원으로 되돌아간 모습으로 있는 그대로 보이는 자연의 경지를 상징한다. 산과 물 그대로의 모습을 통찰할 수 있는 지혜를 터득한 경지이다.

### 10. 入廛垂手(입전수수)

　지팡이를 짚고 큰 포대를 메고 가는 모습

　지팡이를 짚고 큰 포대를 메고 가는 모습으로 중생들에게 복과 덕을 베풀어 불교의 궁극인 중생을 구제함을 상징한다.

백범 김구도 달지 못한
불운한 현판

制勝堂 제승당

김영수(金永綏)

경남 통영시 한산면 한산일주로 70

107대 통제사 조경이 쓴 현판(현재 제승당)

140대 통제사 김영수가 쓴 현판(옛 제승당)

한산도에 가면 '제승당(制勝堂)'이라는 건물이 있다. 승리를 만드는 집이라는 뜻이다. 참으로 멋진 이름이다. 이곳에서 전쟁을 승리로 만든 사람이 있다. 바로 충무공 이순신 장군이다.

이 건물은 충무공 이순신 장군이 임진왜란 중 3년 8개월(1593.7.~1597.2.) 동안 왜군과의 싸움에서 이기기 위해 작전을 짜는 데 사용하던 집이다. 한마디로 조선 수군의 본거지였다.

그런데 지금 이 제승당에는 현판이 두 개가 있다. 하나는 건물에 걸어 놓았고, 또 하나는 건물에 달지 못하고 건물 안에 내려놓았다. 현판은 건물에 걸어 놓아야 그 생명을 유지하는데, 건물에 걸리지 못하고 내려놓은 현판은 그 생명을 다했다고 말할 수 있을 것이다. 그런데 건물에 걸리지 못하고 생명을 다한 이 현판이 우리의 주목을 받고 있다. 그만한 사연이 있어서다. 이 사연은 『백범일지』에서 시작한다.

백범 김구 선생은 1945년 해방된 그해 11월 23일 고국으로 돌아왔다. 백범 선생이 귀국 후 가장 먼저 한 일은 윤봉길·이봉창·김경득의 유가족을 만난 것이다. 그리고 다음 해 1946년에는 고국을 떠나기 전의 자취를 찾아보는 것이었다. 인천 감옥 – 공주 마곡사 – 예산 윤봉길 의사 본가 – 부산(윤봉길, 이봉창, 백정기 유골봉환식) – 제주도 – 부산 – 진해 – 한산도 제승당 – 보성 – 광주 – 함평 – 나주 – 김해 – 창원 – 진전 – 진주 촉석루 – 전주 – 목포 – 군산 – 강경 – 춘천(의암 유인석묘 참배) – 서울로 이어지는 삼남 지방을 순회하였다. 이중 충무공 이순신 장군을 추모하기 위해 한산도 제승당을 찾은 백범 김구는 제승당 현판에 대한 이야기를 『백범일지』에 기술해 놓았다.

> "그 후 다시 삼남 시찰차 열차로 부산역에 도착하였다. 그곳에서 다시 자동차로 갈아타고 진해에 가서, 해군 총사령관 손원일의 안내로 그가 지도하는 해안경비대의 열병식을 마쳤다. 그리고는 과거 임진란 때 충무공 이순신 장군이 왜적을 격침하였던 한산도 제승당을 방문하고 충무공 영전에 참배하였다. 참배 후 좌우를 살펴보니 제승당이라는 현판이 땅에 떨어져 있는 것이 아닌가, 그 연고를 물으니, 왜정시대에 떼고 달지 못한 것이라 하였다. 나는 지금까지 보관한 것만도 다행이라 생각하여 즉시로 그 현판을 걸게 하고 돌아 나와 진해를 시찰하였다."
> 
> - 『백범일지』, 김구 지음, 도진순 주해, 돌베개, 1997.7.25., p.414.

이처럼 백범 김구 선생이 일제강점기에 떼어 버려진 현판을 보고 원래 위치에 다시 걸라고 주문하였지만, 애석하게도 그 현판은 건물에 달리지 못하고 건물 안에 갇혀 있는 신세가 되었다. 이 불운의 현판에는 다음과 같은 글이 쓰여 있다.

### 崇禎三丙午仲春統制使望八醉筆
숭정 3년 병오년 봄에 팔취가 통제사를 바라보며 쓰다.

숭정 3년 병오년은 1786년에 해당하며 통제사 김영수의 호가 팔취(八醉)이니, 이 현판은 1786년 봄에 제140대 통제사 김영수가 쓴 것이다.

통제사 김영수 글씨, 백범 김구의 제승당 방문 기념사진(1946년)

백범 김구도 일본 군국주의에 맞서 싸웠고, 이순신 장군도 일본 왜군에 맞서 싸운 우리나라의 보배 같은 인물이다. 백범 선생이 이곳 제승당에 와서 충무공을 참배하면서 일본과 싸운 동지감을 느꼈을 것이고, 제승당 현판을 바라보며 새로운 세상을 열기 위한 다짐을 했을 것이다.

현재 제승당에 걸려 있는 현판은 '制勝堂(제승당)'이라 이름 지은 제107대 통제사 조경(趙儆)이 쓴 것이다. 이것이 또 하나의 현판이다.

107대 통제사 조경(趙儆)의 글씨

　제승당은 원래, 이순신 장군이 1593년에 여수에서 한산도로 수군 본영을 옮긴 후 지은 건물로서 집무실로 사용하였다. 당시에는 이곳을 '운주당(運籌堂)'이라 불렀다.

　이후, 운주당은 1597년(선조 30년)에 제2대 통제사 원균이 칠천도에서 대패하면서 일본 왜군에 군영과 무기 등을 빼앗길까 두려워하여 소각되었다. 운주당을 중심으로 한 한산도의 통제영은 1604년에 제6대 통제사 이경준(李慶濬)에 의해 지금의 통영 세병관(洗兵館)으로 옮겨가게 되었고 폐허가 되었다. 이렇게 폐허로 남아 있던 이곳을 1739년(영조 15년)에 제107대 통제사 조경(趙儆)이 옛터에 유허비(遺墟碑)를 세우고 또 운주당 터에 건물을 짓고, 운주제승(運籌制勝)에서 제승만을 떼어내 '제승당(制勝堂)'이라 이름 짓고, 직접 현판을 써서 걸어 놓았다. 이런 과정을 거쳐 세워진 제승당은 또 40여 년의 망각의 세월을 거친 뒤에 1786년 제140대 김영수 통제사에 의해 다시 살아나게 된다. 큰 글씨 현판을 잘 쓴 김영수 통제사가 다시 제승당에 새로운 현판을 써서 걸게 된 것이다. 하지만 이 김영수 통제사가 쓴 제승당의 현판이 언제 건물에서 떼어졌는지는 정확히 알 수가 없다. 아마도 일제강점기 때 이순신 장군을 미워한 일본에 의해 떼어진 것으로 보인다.

분명한 것은 1946년 백범 김구 선생이 제승당을 찾았을 때 이 현판은 떼어져 버려져 있었다는 사실이다. 백범 선생이 다시 걸으라고 주문한 후에도 걸리지 못한 이 현판은 결국 1985년 문화공보부에서 복원하여 제승당 실내에 보관하게 되었다.

현재의 제승당 건물은 1932년에 정면 5칸, 측면 3칸으로 중수한 것이다. 이후 한산도 통제영 전체가 1963년에 사적 제113호로 지정되었다. 그리고 1976년에 충무공 이순신 장군의 성역화 작업으로 제승당 건물도 재건하였고, 유허비·기념비·귀선각(龜船閣)·한산정(閑山亭)·대첩문(大捷門) 등을 세워 다시 정비하였다.

### 김영수(金永綬) : 1716년(숙종 42년) ~ 1786년(정조 10년)

1744년(영조 20년)에 무과에 급제하고 흥해군수, 김해부사, 전라우·좌수사, 경상우병사, 함경도병사, 제주목사를 역임하였다. 1786년 제140대 삼도수군통제사(1786.1~1786.7 재임)에 임명되었으나, 부임한 지 6개월 만에 임지인 통제영에서 순직하였다. 순직 후 그를 흠모하던 백성들이 눈물을 흘리며 슬퍼하였고, 정조 또한 매우 애석하게 여기고 슬퍼하였다. 이 슬픔을 담아 비석을 세웠는데, 공덕이 있는 목민관에게 세워주는 선정비(善政碑) 대신 비를 보면 눈물을 흘린다는 타루비(墮淚碑)를 세워주었다. 당시 백성들의 김영수 통제사에 대한 애틋한 마음을 엿볼 수 있다.

부임지마다 재임하는 동안 백성들의 어려운 사정을 잘 보살피고, 지방 목민관으로서 청렴하였으며, 모든 일을 공정하게 처리해 백성들로부터 존경을 받았다. 무관이었지만 학문에 조예가 깊었으며, 곳곳에 시문과 글씨가 전한다. 통영 세병관의 타루비와 제승당의 현판글씨가 있다. 그리고 제주목사 때에 남긴 마애시와 관덕정의 '탐라형승' 현판이 전해진다.

### * 조경(趙儆) : 1677년(숙종 3년) ~ 1743년(영조 19년)

전라병사, 금군별장을 지내고 1739년(영조 15년)에 제107대 삼도수군통제사(1739.7~1741.3 재임)가 되었다. 통제사 부임 후 140여 년이나 방치되어 폐허가 된 운주당의 옛터를 찾아내어 재건하고 유허비도 세웠다. 운주당을 재건한 새 건물을 제승당이라 명명하고, 직접 현판을 써서 걸었다.

통제사로 부임한 조경은 백성들을 차별하지 않고 선정을 펼쳤다. 조경 통제사의 선정과 덕행을 존경한 백성들이 선정비를 세웠는데, 제 142대 통제사로 부임한 그의 아들 조심태가 백성들에게 부담을 주기 싫어했던 아버지의 뜻에 따라 그의 선정비를 땅속에 묻어버렸다. 그리고 그곳에 통제사조경비매치처(統制使趙儆碑埋置處)라는 비석을 대신 세웠다. 이 두 비는 1976년에 경지작업 때 발굴되어 다시 세워졌다.

# 조선시대 역대 삼도수군통제사 계보

　임진왜란이 발생하였지만 5개 수영(경상우수사·좌수사, 전라우수사·좌수사, 충청수사)으로 나뉘어 있던 조선의 수영들은 서로 협조가 되지 않았다. 전쟁이 한창임에도 각 수영들은 자기 진영에서 겁을 먹고 왜군이 오기만을 기다리고 있었다. 이렇게 소극적으로 대처하는 사이에 왜군의 수군들은 조선의 바다를 서서히 장악하기에 이르렀다. 이에 적극적으로 대처하기 위해서 경상, 전라, 충청수영을 통합할 필요성을 느끼고 삼도의 수군을 통제할 직책을 만들었다. 이것이 삼도수군통제사다. 초대 통제사는 이순신 장군이 되었고, 한산도의 운주당을 통제사가 거처하는 통제영으로 삼았다. 삼도의 수군을 관할하는 삼도수군통제사는 종2품 무관직이 맡았다.

　초대 통제사(1593년)부터 208대 마지막 통제사(1896년)까지 기록한 문서로 국보 제305호인 통영 '세병관' 안에 걸린 현판과 충렬사 소장 〈통제사 선생안(통영선생안)〉이 있다. 선생안에는 역대 통제사들의 재임기간과 간략한 약력이 기록되어 있다.

　다음 〈역대 통제사 계보〉 명단은 경남 통영시 거북선 관람소 내의 역대 통제사 명단 게시물과 통영시 문화공보실에서 1994년 발행한 〈統制營과 統營城(城과 官衙를 중심으로)〉을 참조하였다. 36대 변사기 통제사가 선생안에 빠져있는 이유는 김자점 옥사에 연루되어 역모죄로 참형을 당하였기 때문에 기록하지 않았다고 생각한다.

〈역대 통제사 계보〉

| 대수 | 이름 | 생몰 | 재위기간 | 본관 |
|---|---|---|---|---|
| 1 | 이순신(李舜臣) | 1545-1598 | 1593.8.-1597.2.26 | 덕수 |
| 2 | 원 균(元 均) | 1540-1597 | 1597. 2.- 1597. 7.16 | 원주 |
| 3 | 이순신(李舜臣) | 1545-1598 | 1597. 8.- 1598.11.19 | 덕수 |
| 4 | 이시언(李時言) | ? -1624 | 1599. 1.- 1601. 5 | 전주 |
| 5 | 류 형(柳 珩) | 1566-1615 | 1602. 1.- 1603. 2 | 진주 |
| 6 | 이경준(李慶濬) | 1560-1620 | 1603. 2.- 1605. 9 | 한산 |
| 7 | 이운룡(李雲龍) | 1562-1610 | 1605. 9.- 1607. 6 | 재령 |
| 8 | 이기빈(李箕賓) | 1563-1625 | 1607. 6.- 1609. 3 | 전주 |
| 9 | 이경준(李慶濬) | 1560-1620 | 1609. 7.- 1611. 7 | 한산 |
| 10 | 우치적(禹致績) | 1560-1628 | 1611. 8.- 1614. 2 | 단양 |
| 11 | 성우길(成佑吉) | 1571-1623 | 1614. 4.- 1615. 7 | 창녕 |
| 12 | 이정표(李廷彪) | 1561-1615 | 1615. 7.- 1615. 8 | 전의 |
| 13 | 이 영(李 英) | 1559-1616 | 1615.10.- 1616. 2 | 양성 |
| 14 | 류지신(柳止信) | 1599- ? | 1616. 3.- 1617. 4 | 전주 |
| 15 | 정기룡(鄭起龍) | 1562-1622 | 1617. 4.- 1619. 9 | 진양 |
| 16 | 김예직(金禮直) | 1565-1623 | 1619. 9.- 1621. 3 | 김해 |
| 17 | 정기룡(鄭起龍) | 1562-1622 | 1621. 4.- 1622. 2 | 진양 |
| 18 | 원수신(元守身) | 1573-1625 | 1622. 5.- 1623. 3 | 원주 |
| 19 | 구인후(具仁垕) | 1578-1658 | 1623. 4.- 1625. 4 | 능성 |
| 20 | 이수일(李守一) | 1554-1632 | 1625. 5.- 1627. 8 | 경주 |
| 21 | 이 완(李 浣) | 1586-1637 | 1627. 8.- 1629. 7 | 경주 |
| 22 | 구 굉(具 宏) | 1577-1642 | 1629. 7.- 1631. 7 | 능성 |
| 23 | 신경원(申景瑗) | 1581-1641 | 1631. 8.- 1632. 1 | 평산 |
| 24 | 변 흡(邊 潝) | 1568-1644 | 1632. 2.- 1633. 4 | 원주 |

| | | | | | |
|---|---|---|---|---|---|
| 25 | 구인후(具仁垕) | 1578-1658 | 1633. 5.- 1633.11 | | 능성 |
| 26 | 신경인(申景禋) | 1590-1643 | 1634. 3.- 1635.12 | | 평산 |
| 27 | 윤 숙(尹 璛) | 1581-1638 | 1636. 2.- 1637. 1 | | 해평 |
| 28 | 신경인(申景禋) | 1581-1641 | 1637. 3.- 1639. 4 | | 평산 |
| 29 | 류 림(柳 琳) | 1581-1643 | 1639. 4.- 1640.11 | | 진주 |
| 30 | 류정익(柳廷益) | 1599-1655 | 1640.11.- 1641. 5 | | 문화 |
| 31 | 이 확(李 廓) | 1590-1665 | 1641. 6.- 1641.11 | | 전주 |
| 32 | 류 림(柳 琳) | 1581-1643 | 1642. 2.- 1642.10 | | 진주 |
| 33 | 이현달(李顯達) | 1591-1645 | 1642.10.- 1644. 3 | | 전주 |
| 34 | 이 완(李 浣) | 1602-1674 | 1644. 4.- 1646. 3 | | 경주 |
| 35 | 김응해(金應海) | 1588-1666 | 1646. 3.- 1648. 3 | | 안동 |
| 삭출 | 변사기(邊士紀) | ? | 1648. 3.- 1649.11 | | 장연 |
| 36 | 류정익(柳廷益) | 1599-1655 | 1650. 1.- 1652. 8 | | 문화 |
| 37 | 황 헌(黃 㦿) | 1596-? | 1652. 9.- 1654. 5 | | 창원 |
| 38 | 이원로(李元老) | 1597-1678 | 1654. 5.- 1654.10 | | 전주 |
| 39 | 남두병(南斗柄) | 1603-1663 | 1654.10.- 1655.12 | | 의령 |
| 40 | 류혁연(柳赫然) | 1616-1680 | 1656. 1.- 1656.12 | | 진주 |
| 41 | 정 익(鄭 榏) | 1592-1661 | 1657. 1.- 1659. 3 | | 해주 |
| 42 | 조필달(趙必達) | 1600-1664 | 1659. 3.- 1659. 7 | | 김제 |
| 43 | 김 적(金 適) | 1594-1660 | 1659. 8.- 1660. 1 | | 안동 |
| 44 | 박경지(朴敬祉) | 1610-1669 | 1660. 3.- 1662. 2 | | 밀양 |
| 45 | 김시성(金是聲) | 1602-1676 | 1662. 2.- 1664. 3 | | 청도 |
| 46 | 정부현(鄭傳賢) | 1606-1667 | 1664. 3.- 1666. 9 | | 연일 |
| 47 | 박경지(朴敬祉) | 1610-1669 | 1666.10.- 1667. 1 | | 밀양 |
| 48 | 이지형(李枝馨) | 1608-1669 | 1667. 1.- 1669. 3 | | 전의 |
| 49 | 이도빈(李道彬) | 1627-1670 | 1669. 3.- 1669. 8 | | 광주 |
| 50 | 류비연(柳斐然) | 1627-1685 | 1669. 8.- 1670. 3 | | 진주 |
| 51 | 김 경(金 鏡) | 1610-? | 1670. 3.~ 1670.10 | | 경주 |
| 52 | 류여량(柳汝糧) | 1614-1673 | 1670.11.- 1671. 7 | | 문화 |
| 53 | 신여철(申汝哲) | 1634-1701 | 1671. 7.- 1672. 3 | | 평산 |
| 54 | 이지원(李枝遠) | 1617-1688 | 1672. 3.- 1673. 3 | | 전의 |

| | | | | |
|---|---|---|---|---|
| 55 | 노 정(盧 錠) | 1615-1691 | 1673. 3.- 1675. 3 | 풍천 |
| 56 | 신 류(申 瀏) | 1619-1680 | 1675. 3.- 1677. 1 | 평산 |
| 57 | 윤천뢰(尹天賚) | 1617-1695 | 1677. 1.- 1679. 2 | 함안 |
| 58 | 이인하(李仁夏) | 1623-1695 | 1679. 3.- 1679. 6 | 경주 |
| 59 | 전동흘(全東屹) | 1610-1705 | 1679. 7.- 1680.10 | 천안 |
| 60 | 민 섬(閔 暹) | 1628-1699 | 1680.10.- 1682. 3 | 여흥 |
| 61 | 원 상(元 相) | 1624-1693 | 1682. 3.- 1684. 2 | 원주 |
| 62 | 변국한(邊國翰) | 1633-1686 | 1684. 2.- 1685. 3 | 원주 |
| 63 | 김세익(金世翊) | 1642-1698 | 1685. 3.- 1686. 6 | 안동 |
| 64 | 류중기(柳重起) | 1629-1720 | 1686. 7.- 1687. 9 | 문화 |
| 65 | 이세선(李世選) | 1628-1698 | 1687.10.- 1689. 6 | 전의 |
| 66 | 신여철(申汝哲) | 1634-1701 | 1689. 6.- 1691. 5 | 평산 |
| 67 | 이성뢰(李聖賚) | 1640-1693 | 1691. 5.- 1691. 6 | 전주 |
| 68 | 심 박(沈 樸) | 1636-1702 | 1691. 6.- 1693. 4 | 청송 |
| 69 | 목림기(睦林奇) | 1625-1702 | 1693. 4.- 1694. 7 | 사천 |
| 70 | 최 숙(崔 橚) | 1636-1698 | 1694. 8.- 1695. 8 | 수성 |
| 71 | 김중기(金重器) | 1653-1735 | 1695. 8.- 1695.11 | 안동 |
| 72 | 이기하(李基夏) | 1646-1718 | 1695.11.- 1696. 6 | 한산 |
| 73 | 정홍좌(鄭弘佐) | 1649-1714 | 1696. 6.- 1697. 9 | 동래 |
| 74 | 이홍술(李弘述) | 1647-1722 | 1697. 9.- 1699. 7 | 전주 |
| 75 | 민 함(閔 涵) | 1641-1710 | 1699. 7.- 1701. 5 | 여흥 |
| 76 | 류성추(柳星樞) | 1657-1732 | 1701. 5.- 1701.11 | 진주 |
| 77 | 원덕휘(元德徽) | 1647-1706 | 1701.11.- 1702. 1 | 원주 |
| 78 | 홍하명(洪夏明) | 1645-1705 | 1702. 2.- 1704. 4 | 남양 |
| 79 | 이창조(李昌肇) | 1653-1714 | 1704. 4.- 1705. 8 | 전의 |
| 80 | 이상전(李尙全) | 1639-1707 | 1705. 8.- 1706. 4 | 전주 |
| 81 | 남오성(南五星) | 1643-1712 | 1706. 4.- 1707.10 | 의령 |
| 82 | 오중주(吳重周) | 1654-1735 | 1707.10.- 1708.10 | 해주 |
| 83 | 정홍좌(鄭弘佐) | 1649-1714 | 1708.10.- 1710. 9 | 동래 |
| 84 | 조이중(趙爾重) | 1653-1720 | 1710. 9.- 1711.11 | 순창 |
| 85 | 김중원(金重元) | 1653-1716 | 1711. 11.- 1713. 5 | 안동 |

| 86 | 이우항(李宇恒) | 1648-1722 | 1713. 5.- 1714. 7 | 광주 |
|---|---|---|---|---|
| 87 | 이석관(李碩寬) | 1664-1714 | 1714. 7.- 1714.11 | 연안 |
| 88 | 이 택(李 澤) | 1651-1719 | 1714. 12.- 1716. 윤3 | 전주 |
| 89 | 윤 각(尹 慤) | 1665-1724 | 1716.윤3- 1717. 10 | 함암 |
| 90 | 이상집(李尙馣) | 1644-1722 | 1717. 10.- 1718. 4 | 전주 |
| 91 | 오중주(吳重周) | 1654-1735 | 1718. 4.- 1718. 9 | 해주 |
| 92 | 김중기(金重器) | 1653-1735 | 1718. 9.- 1720. 1 | 안동 |
| 93 | 이수민(李壽民) | 1651-1724 | 1720. 1.- 1722. 1 | 청해 |
| 94 | 이봉상(李鳳祥) | 1676-1728 | 1722. 1.- 1723. 3 | 덕수 |
| 95 | 신익하(申翊夏) | 1677-1723 | 1723. 3.- 1723. 4 | 평산 |
| 96 | 남태징(南泰徵) | 1668-1728 | 1723. 5.- 1724. 윤4 | 의령 |
| 97 | 윤오상(尹五商) | 1657-1755 | 1724. 윤4.- 1725. 2 | 함안 |
| 98 | 이재항(李載恒) | 1678-1731 | 1725. 6.- 1726.12 | 전주 |
| 99 | 이복연(李復淵) | 1688-1732 | 1726.12.- 1728.2 | 전주 |
| 100 | 김 흡(金 潝) | 1691-1739 | 1728.2.- 1729.12 | 안동 |
| 101 | 이수량(李遂良) | 1673-1735 | 1729.12.- 1731. 7 | 전주 |
| 102 | 정수송(鄭壽松) | 1683-1749 | 1731. 7.- 1733. 4 | 영일 |
| 103 | 박찬신(朴纘新) | 1679-1755 | 1733. 4.- 1733. 6 | 함양 |
| 104 | 김 집(金 潗) | 1687-1739 | 1733. 6.- 1736. 4 | 안동 |
| 105 | 윤택정(尹宅鼎) | 1694-1745 | 1736. 4.- 1738. 3 | 함안 |
| 106 | 구성익(具聖益) | 1699-1748 | 1738. 3.- 1739. 7 | 능성 |
| 107 | 조 경(趙 儆) | 1677-1743 | 1739. 7.- 1741. 3 | 평양 |
| 108 | 송징래(宋徵來) | 1692-1743 | 1741. 3.- 1743. 3 | 여산 |
| 109 | 이 우(李 玗) | 1710-? | 1743. 3.- 1744. 3 | 경주 |
| 110 | 이의풍(李義豊) | 1693-1754 | 1744. 3.- 1745.11 | 전의 |
| 111 | 이언상(李彦祥) | 1681-1775 | 1745.12.- 1747.10 | 덕수 |
| 112 | 장태소(張泰紹) | 1693-1753 | 1747. 8.- 1749. 9 | 인동 |
| 113 | 정찬술(鄭纘述) | 1684-1766 | 1749. 9.- 1751. 2 | 영일 |
| 114 | 구선행(具善行) | 1709-1775 | 1751. 2.- 1753. 4 | 능성 |
| 115 | 조동점(趙東漸) | 1700-1754 | 1753. 4.- 1754. 윤4 | 평양 |
| 116 | 김 윤(金 潤) | 1698-1755 | 1754. 윤4.- 1755. 3 | 안동 |

| | | | | |
|---|---|---|---|---|
| 117 | 이장오(李章吾) | 1714-1781 | 1755. 3.- 1755. 7 | 전주 |
| 118 | 이경철(李景喆) | 1702-1758 | 1755. 7.- 1757.11 | 전주 |
| 119 | 오 혁(吳 奕) | 1709-1769 | 1757.11.- 1759. 12 | 해주 |
| 120 | 이윤성(李潤成) | 1719-1781 | 1759.12.- 1760. 8 | 전의 |
| 121 | 이태상(李泰祥) | 1701-1776 | 1760. 8.- 1762. 6 | 덕수 |
| 122 | 이은춘(李殷春) | 1715-1772 | 1762. 8.- 1763.10 | 전주 |
| 123 | 정여직(鄭汝稷) | 1706-1769 | 1763.10.- 1765. 윤2 | 초계 |
| 124 | 윤태연(尹泰淵) | 1719-1777 | 1765.윤2.- 1766. 6 | 함안 |
| 125 | 이주국(李柱國) | 1720-1798 | 1766. 6.- 1768. 5 | 전주 |
| 126 | 이한응(李漢膺) | 1711-1779 | 1768. 5.- 1769. 1 | 덕수 |
| 127 | 이국현(李國賢) | 1714-1780 | 1769. 1.- 1771. 1 | 전주 |
| 128 | 장지항(張志恒) | 1721-1778 | 1771. 1.- 1771. 2 | 인동 |
| 129 | 원중회(元重會) | 1713-1772 | 1771. 2.- 1772. 9 | 원주 |
| 130 | 조제태(趙濟泰) | 1707-1780 | 1772. 9.- 1774. 7 | 평양 |
| 131 | 구현겸(具顯謙) | 1734-1776 | 1774. 7.- 1775. 4 | 능성 |
| 132 | 조 완(趙 岏) | 1723-1779 | 1775. 4.- 1776. 6 | 평양 |
| 133 | 이방수(李邦綏) | 1711-1780 | 1776. 6.- 1777. 5 | 전의 |
| 134 | 이창운(李昌運) | 1713-1791 | 1777. 5.- 1778. 9 | 함평 |
| 135 | 이경무(李敬懋) | 1728-1799 | 1778. 9.- 1779. 3 | 전주 |
| 136 | 서유대(徐有大) | 1732-1802 | 1779. 3.- 1781. 4 | 달성 |
| 137 | 구명겸(具明謙) | 1737-1786 | 1781. 4.- 1783. 1 | 능성 |
| 138 | 이한창(李漢昌) | 1728-1787 | 1783. 1.- 1784.12 | 덕수 |
| 139 | 이방일(李邦一) | 1724-1805 | 1785. 1.- 1785.12 | 전의 |
| 140 | 김영수(金永綬) | 1716-1786 | 1786. 1.- 1786. 7 | 안동 |
| 141 | 류진항(柳鎭恒) | 1720-1801 | 1786. 7.- 1787. 5 | 진주 |
| 142 | 조심태(趙心泰) | 1740-1799 | 1787. 5.- 1788. 3 | 평양 |
| 143 | 이한풍(李漢豊) | 1733-1803 | 1788. 3.- 1789. 3 | 덕수 |
| 144 | 신응주(申膺周) | 1747-1804 | 1789. 3.- 1791. 4 | 평산 |
| 145 | 이윤경(李潤慶) | 1735-1799 | 1791. 4.- 1793. 6 | 전의 |
| 146 | 신대현(申大顯) | 1737-1812 | 1793. 6.- 1794. 9 | 평산 |
| 147 | 이득제(李得濟) | 1743-1819 | 1794. 9.- 1796.12 | 전주 |

| 148 | 윤득규(尹得逵) | 1734-1813 | 1796.12.- 1798.11 | 해평 |
|---|---|---|---|---|
| 149 | 임 률(任 嵂) | 1738-1804 | 1798.11.- 1800. 5 | 풍천 |
| 150 | 이인수(李仁秀) | 1737-1813 | 1800. 5.- 1802. 3 | 덕수 |
| 151 | 이윤겸(李潤謙) | 1748-1810 | 1802. 3.- 1804. 6 | 전의 |
| 152 | 류효원(柳孝源) | 1751-1813 | 1804. 7.- 1806. 5 | 진주 |
| 153 | 이 당(李 溏) | 1758-1819 | 1806. 5.- 1807.12 | 전주 |
| 154 | 신대영(申大俠) | 1735-1812 | 1807.12.- 1810.11 | 평산 |
| 155 | 오재광(吳載光) | 1745-1813 | 1810.11.- 1812.12 | 해주 |
| 156 | 조 계(趙 啓) | 1740-1813 | 1812.12.- 1813. 1 | 평양 |
| 157 | 서영보(徐俠輔) | 1757-1821 | 1813. 2.- 1815. 7 | 달성 |
| 158 | 신홍주(申鴻周) | 1752-1829 | 1815. 7.- 1817. 4 | 평산 |
| 159 | 서춘보(徐春輔) | 1775-1825 | 1817. 4.- 1819. 5 | 달성 |
| 160 | 오의상(吳毅常) | 1756-1820 | 1819. 5.- 1820. 6 | 해주 |
| 161 | 신 경(申 絅) | 1774-1835 | 1820. 7.- 1821.10 | 평산 |
| 162 | 박기풍(朴基豊) | 1755-1826 | 1821.10.- 1823. 8 | 밀양 |
| 163 | 조화석(趙華錫) | 1758-1829 | 1823. 8.- 1825. 3 | 평양 |
| 164 | 이석구(李石求) | 1775-1831 | 1825. 3.- 1827. 3 | 전주 |
| 165 | 이유수(李惟秀) | 1768-1847 | 1827. 3.- 1829. 3 | 덕수 |
| 166 | 김 영(金 煐) | 1772-1850 | 1829. 3.- 1830. 4 | 해풍 |
| 167 | 이항권(李恒權) | 1783-1835 | 1830. 4.- 1832. 3 | 덕수 |
| 168 | 류화원(柳和源) | 1762-1846 | 1832. 3.- 1833. 3 | 진주 |
| 169 | 이완식(李完植) | 1784-1844 | 1833. 3.- 1835. 3 | 전의 |
| 170 | 임성고(任聖皐) | 1773-1853 | 1835. 3.- 1837. 1 | 풍천 |
| 171 | 이정회(李鼎會) | 1771-1843 | 1837. 1.- 1839. 2 | 전주 |
| 172 | 이승권(李升權) | 1779-1852 | 1839. 2.- 1841. 윤3 | 덕수 |
| 173 | 이응식(李應植) | 1787-1864 | 1841. 윤3.- 1843. 4 | 전의 |
| 174 | 허 계(許 棨) | 1798-1866 | 1843. 4.- 1845. 2 | 양천 |
| 175 | 백은진(白殷鎭) | 1787-1855 | 1845. 2.- 1847. 1 | 수원 |
| 176 | 서상오(徐相五) | 1801-1857 | 1847. 1.- 1848. 1 | 달성 |
| 177 | 김 건(金 鍵) | 1798-1869 | 1848. 1.- 1849. 8 | 해풍 |
| 178 | 류기상(柳基常) | 1787-1852 | 1849. 8.- 1851. 8 | 문화 |

| | | | | |
|---|---|---|---|---|
| 179 | 이응서(李鷹緖) | 1780-1855 | 1851. 8.- 1853. 8 | 함평 |
| 180 | 이규철(李圭徹) | 1801-1884 | 1853. 8.- 1855. 4 | 전주 |
| 181 | 김한철(金翰喆) | 1802-1856 | 1855. 4.- 1856. 8 | 해풍 |
| 182 | 이희경(李熙絅) | 1804-1866 | 1856. 8.- 1857. 3 | 전의 |
| 183 | 류상정(柳相鼎) | 1805-1864 | 1857. 3.- 1858. 5 | 진주 |
| 184 | 임태영(任泰瑛) | 1791-1868 | 1858. 5.- 1858.12 | 풍천 |
| 185 | 심락신(沈樂臣) | 1798-1860 | 1859. 2.- 1860. 8 | 청송 |
| 186 | 이경순(李景純) | 1801-1887 | 1860. 9.- 1861. 2 | 전주 |
| 187 | 신관호(申觀浩) | 1811-1884 | 1861. 2.- 1862.12 | 평산 |
| 188 | 정규응(鄭圭應) | 1800-1871 | 1862.12.- 1864. 2 | 동래 |
| 189 | 이봉주(李鳳周) | 1820-1885 | 1864. 2.- 1866. 2 | 전주 |
| 190 | 김 건(金 鍵) | 1798-1869 | 1866. 2.- 1868. 4 | 해풍 |
| 191 | 이현직(李顯稷) | 1795-1876 | 1868. 4.- 1870. 1 | 경주 |
| 192 | 정규응(鄭圭應) | 1800-1871 | 1870. 3.- 1871.10 | 동래 |
| 193 | 채동건(蔡東健) | 1809-1880 | 1871.12.- 1874. 2 | 평강 |
| 194 | 이주철(李周喆) | 1806-1875 | 1874. 2.- 1875. 3 | 전주 |
| 195 | 권용섭(權容燮) | 1820-1877 | 1875. 3.- 1876. 4 | 안동 |
| 196 | 이종승(李鐘承) | 1828-? | 1876. 4.- 1876.12 | 전주 |
| 197 | 신 환(申 桓) | 1823-1886 | 1876.12.- 1877. 4 | 평산 |
| 198 | 이규석(李奎奭) | 1835-1894 | 1877. 5.- 1879. 2 | 덕수 |
| 199 | 정낙용(鄭洛鎔) | 1827-1914 | 1879. 2.- 1882. 6 | 영일 |
| 200 | 정기원(鄭岐源) | 1809-1886 | 1882. 6.- 1882.10 | 영일 |
| 201 | 이원회(李元會) | 1827-1895 | 1882.12.- 1885. 1 | 광주 |
| 202 | 정운익(鄭雲翼) | 1818-1886 | 1885. 2.- 1886. 1 | 영일 |
| 203 | 이규안(李奎顔) | 1834-? | 1886. 3.- 1887.12 | 덕수 |
| 204 | 민경호(閔敬鎬) | 1822-1895 | 1888. 3.- 1890. 3 | 여흥 |
| 205 | 정기택(鄭騏澤) | 1844-1905 | 1890. 3.- 1891.12 | 영일 |
| 206 | 민형식(閔炯植) | 1859-1931 | 1892. 4.- 1894. 3 | 여흥 |
| 207 | 민영옥(閔泳玉) | 1853-? | 1894. 3.- 1894. 9 | 여흥 |
| 208 | 홍남주(洪南周) | 1827-1896 | 1894.10.- 1896. 5 | 풍산 |

사진: 황인혁

## 초라해진 사액 현판 현충사

### 顯忠祠 현충사

숙종대왕(肅宗大王)

충남 아산시 염치읍 현충사길 126

　　현충사(顯忠祠)는 충무공(忠武公) 이순신(李舜臣)의 충의를 기리기 위하여 충청남도 아산(牙山)에 세운 사당으로, 사적 제155호로 지정되었다.

　　1704년(숙종 30년)에 충청도 유생들이 사당 건립을 상소하고, 1706년에 조정에서 사당 건립을 허락해 세웠으며, 이듬해인 1707년에 숙종대왕이 '顯忠祠(현충사)'란 현판을 직접 써서 사액(賜額)하였다. 이후 1868년(고종 5년)에 흥선대원군의 서원철폐령에 의해 서원을 겸하고 있던 현충사도 결국 철폐되고 말았다. 철폐된 후 1905년 을사늑약에 분노한 유림들이 1906년에 그 터에 유허비를 세웠다.

다음으로 일제강점기 때에는 충무공의 묘소가 일본인의 손에 넘어갈 지경에까지 이르렀다.

이를 알게 된 민족 지사들이 '이충무공유족보존회'를 조직하였고, 1932년에 동아일보사 주최로 민족 성금을 모아 철폐된 현충사를 다시 보수하고 중건하여 사당으로서의 기능을 회복하였다. 광복 후 1966년 박정희 대통령의 성역화 지시에 따라 1967년에 원래 사당 위쪽에 새로운 사당을 지어 준공하였다. 1969년에는 현충사 관리사무소를 설치하여 관리와 제사를 맡고 있다.

현충사에는 두 개의 사당이 있다. 따라서 현판도 두 개다. 하나는 구(舊) 사당의 한자(漢字) 현판이고, 또 하나는 신(新) 사당의 한글 현판이다.

구(舊) 사당에 걸려 있는 한자 현판의 글씨는 숙종대왕이 직접 써서 하사한 현판으로 이를 '사액(賜額)'이라 한다.

1706년(숙종 32년)에 처음 세워진 사당은, 1868년 흥선대원군의 서원철폐령에 의해 철폐되었다. 이후 일제강점기 때 충무공의 종손이 채무에 시달려 충무공의 묘소와 임야가 일본인 손에 넘어가게 되자, 이 소식을 들은 민족 지사들이 동아일보사의 협조를 얻어 전국 각 지역으로부터 성금을 모금하였다. 당시 국내뿐만 아니라 중국에 거주하는 교민들까지 성금을 보탰다.

〈동아일보〉는 성금 내역을 신문 1면(1931년 6월 26일)에 게재할 정도로 열의를 보였다. 이렇게 모은 돈으로 종손의 채무를 갚고, 남은 돈으로 1932년 6월 5일에 다시 사당을 세웠다. 이 사당이 바로 현재의 구(舊) 사당이다.

그런데 이렇게 일제 치하에서 어렵게 세워진 구 사당은 1968년 9월에 신 사당에 의해 밀려나 유물관 옆으로 이전되었다. 숙종 당시에 세워진 사당은 서원철폐령으로 사라져 지금은 존재하지 않지만, 1932년에 다시 세워진 사당에도 역시 숙종의 친필 현판을 달았다. 현재 구 사당에 걸린 현판은 진본을 모사한 것이고, 진본 현판은 유물관에 보관되어 있다.

아산에 세워진 현충사는 충무공 이순신 장군을 추모하는 국가사당으로 공인되었다. 국가에서 공인한 이 현충사에 대한 기록은 『조선왕조실록』에 잘 나타나 있다.

- 『숙종실록』(숙종 30년, 1704년 5월 16일)

충청도(忠淸道) 유생(儒生) 서후경(徐後慶)이 상소를 올려, 고(故) 충무공(忠武公) 이순신(李舜臣)을 위하여 아산(牙山) 땅에 사당을 세우기를 요청하였다. 이는 이순신이 나고 자란 고향이고, 무덤이 있기 때문이다. 임금이 조정에 명령대로 처리하라 하였다.

忠淸道儒生徐後慶, 疏請爲故忠武公李舜臣, 立祠于牙山地. 以其生長之鄕, 而丘墓所在也. 上令該曹稟處.

- 『숙종실록』(숙종 33년, 1707년 2월 6일)

　충청도 아산(牙山)의 충무공(忠武公) 이순신(李舜臣)의 사우(祠宇)에 '현충(顯忠)'이란 호(號)를 내리고, 평안도 안주(安州)에 고구려(高句麗) 대신(大臣) 을지문덕(乙支文德)·영중추부사(領中樞府事) 최윤덕(崔潤德)·영의정(領議政) 문충공(文忠公) 이원익(李元翼)·대사헌(大司憲) 김덕함(金德諴)의 사우(祠宇) 모두에 향사(享祠)하게 하고 '청천(淸川)'이란 호를 내렸다.

**賜忠淸道牙山忠武公李舜臣祠宇號顯忠, 平安道安州高句麗大臣乙支文德, 領中樞府事崔潤德, 領議政文忠公李元翼, 大司憲金德諴竝享祠宇號淸川.**

　박정희 대통령에 의한 현충사 성역화 이후 애석하게도 구 사당은 현충사의 중심축에서 밀려나 현충사 경내의 외진 곳으로 옮겨졌다. 물론 당대 최고의 명필이라 불린 숙종 임금께서 직접 써서 하사한 '顯忠祠(현충사)' 현판도 이 구석진 곳에서 만날 수 있다. 사액 현판을 달았음에도 사당 안에는 충무공 영정이 없다. 이젠 사당으로서의 기능을 상실했다. 그래서 더 초라해 보인다. 이렇게 밀려난 구 사당의 사액 현판을 일부러 찾지 않는다면 놓치기 쉽다.

　다음으로 신(新) 사당의 한글 현판은 박정희 대통령의 친필 현판이다.

5.16 군사정변으로 정권을 잡은 박정희 대통령은 자신과 군부의 정당성 강화를 원했다. 그래서 역사 인물 중에 이에 부합하는 상징적 인물을 찾아야 했다. 그 인물이 바로 충무공 이순신 장군이다. 우리나라에서 군인으로서 최고의 영웅으로 꼽을 수 있는 인물을 충무공이라 판단하고 온 국민이 본받을 수 있도록 선양사업을 구상하였다. 가장 먼저 시작한 것이 현충사 성역화 작업이었다. 본격적인 현충사 성역화 공사는 1966년에 시작하여 1967년에 완공하였다. 신(新) 사당이 세워진 것이다. 이 새로운 사당은 콘크리트 건물로 완성하였고, 내부에는 충무공 영정을 모셨다. 그리고 박정희 대통령이 직접 한글로 쓴 '현충사' 현판을 걸어 놓았다. 이외에도 현충사의 정문에는 '충무문', 본전의 정문에는 '충의문' 현판을 걸었다.

박정희 대통령 친필

원래 현충사는 설립을 주도한 충청도 유생의 애절한 상소와 숙종 임금이 사액한 '顯忠祠(현충사)' 현판으로 성웅 이순신 장군을 기리던 사당이었다. 그런데 현충사의 본전이 흥선대원군에 의해 철폐되고, 일제강점기 때 2만여 민중의 정성으로 다시 세워졌지만, 지금 이 본전은 주인공의 자리를 박정희 대통령이 세운 새로운 본전에 빼앗기고 역사의 유물로 남고 말았다.

누구라도 충무공의 종부가 던진 현충사 현판 논쟁에 참여하고자 한다면, 반드시 현충사를 찾아가 보라. 찾아가서 박정희 대통령 현판과 숙종 임금의 현판을 한번 보라 그리고 생각해 보라. 지금의 현충사가 누구를 위한 현충사가 되어야 하는지.

## 논란의 현충사 사액 현판

현충사 현판을 둘러싼 논란은 충무공 이순신 장군의 15대 종부(맏며느리)인 최순선에 의해 2017년 9월에 시작되었다. 종부는 박정희 대통령이 쓴 현판을 떼어내고 1707년에 숙종 임금이 하사한 친필 현판으로 바꿔 달라고 요구하였다. 당시 종부는 현판을 교체하지 않으면, 자신에게 소유권이 있는 『난중일기』와 충무공 관련 유물들을 현충사에서 전시하지 못하도록 하겠다고 하였다.

이에 대해 덕수 이씨 충무공파 후손들 사이에서도 의견이 일치하지 않음을 알고, 문화재청 문화재위원회(사적분과)는 다음과 같이 판단하였다. "1967년 박정희 대통령의 지시로 현충사 성역화 사업으로 건립된 신 사당에 구 사당에 걸려 있는 사액 현판을 옮겨 다는 것은, 그 시대의 역사적 의미를 담고 있는 건물과 현판의 일체성을 훼손하는 문제점 등을 종합적으로 고려해 볼 때 현행대로 유지하는 것이 좋겠다." 즉, 지금 걸려 있는 현판을 교체하지 않고 그대로 두기로 결정한 것이다.

이러한 결과에 대해 종부 측은 숙종의 사액 현판이 더 정통성이 있기 때문에 교체하지 않을 것이라면 자신에게 돌려 달라고 요구하였다. 그러면서 현충사에 정치색과 일본풍이 없어지면 좋겠다고 주장하며 문화재청을 상대로 사액 현판을 돌려 달라고 법원에 조정 신청을 냈다.

결국, 2018년 2월 28일 서울중앙지방법원에서 민사조정이 열렸는데 서로 합의에 이르지 못하고, 종부 측에서 정식 소송을 제기하겠다고 선언하였다. 그러면서 종부는 "숙종이 하사한 사액 현판은 현충사의 역사를 보여주는 중요한 유물이며, 충무공 종가에서 300년간 보관해온 집안의 가보라며 부득이하게 소송을 진행하게 되었다."고 하였다.

이 소송도 서울중앙지법 민사47부(김순한 부장판사)에서 최씨(종부)가 국가를 상대로 제기한 '유체동산인도 소송'에 대해 청구를 기각하였다.

종부가 촉발한 논란은 아직도 진행형이다. 종부의 의견에 찬성하는 쪽과 반대하는 쪽, 그 나름의 의견이 있기 마련이다. 찬성하는 쪽은 이렇게 주장한다.

현충사의 역사적 정통성을 찾는다면 숙종 임금이 현판을 사액하여 내렸기 때문이라며, 현충사의 본전에는 당연 사액 현판이 걸려야 한다는 주장이다.

또 반대하는 쪽은 이렇게 주장한다.

광복 후 초라한 현충사를 새롭고 웅장하게 성역화한 박정희 대통령의 기여도 인정해야 한다며, 신 사당도 그때 지어진 것이기 때문에 당연히 박정희 대통령의 친필이 걸려야 한다는 주장이다.

어느 주장이 옳은 것인지 판단할 수 없다.
아니 이 문제를 옳고 그름의 문제라고 볼 수 있을까?

논란의 현충사 현판은 지금도 논란 이전의 상태를 유지하며, 신 사당에는 박정희 대통령의 한글 현판이, 구 사당에는 숙종 임금이 하사한 한자 현판이 걸려 있다.

### 숙종(肅宗) : 1661년(현종 2년) ~ 1720년(숙종 46년)

조선 19대 임금이며, 재위 기간은 1674년(숙종 즉위년)~1720년(숙종 46년). 조선 18대 임금 현종과 명성왕후(明聖王后) 사이에서 외아들로 태어났다. 비(妃)는 인경왕후(仁敬王后)이고, 계비(繼妃)는 인현왕후(仁顯王后)이며, 제2계비는 인원왕후(仁元王后)이다. 1667년(현종 8년)에 왕세자에 책봉되었으며, 1674년(현종 15년) 8월 18일에 현종의 뒤를 이어 14세의 나이로 왕위에 올랐다. 재임 기간 중 환국정치로 강력한 왕권 강화에 힘을 쏟았다. 전국적인 대동법 시행과 오군영 체제를 확립하였다. 그리고 상평통보를 주조하여 전국에 유통시켰으며, 왜란과 호란으로 파괴된 성곽을 정비하여 국방을 튼튼히 하였다. 숙종은 조선시대 글씨를 가장 잘 쓴 임금으로 평가되며, 전국 각처에 현판 글씨를 남겼다. 대표작으로 〈현충사〉, 〈규장각〉, 송림사 〈대웅전〉 현판 등이 있다.

### 박정희(朴正熙) : 1917년 ~ 1979년

대한민국 제5·6·7·8·9대 대통령. 대구사범학교를 졸업하고 3년간 보통학교 교사를 지내다 만주로 가서 일본이 세운 만주군관학교를 수료하였다. 그리고 1944년 일본육사를 졸업하고 일본군의 소위로 임관되어 광복 이전까지 관동군에 배속되어 복무하였다. 광복 후 한국군의 소장으로 있으면서 1961년 5월 16일 군사정변을 일으켜 정권을 잡았다. 1963년부터 경제개발을 통한 국가발전과 새마을운동 등을 통해 국가 개조를 단행하였다. 하지만 장기집권의 폐해와 독재에 대한 국민적 저항이 이어지는 가운데 1979년 10월 26일 중앙정보부장 김재규에게 저격당해 사망하였다.

 박정희 대통령은 군사정변으로 잡은 권력을 정당화하는 과정에서 옛 전통문화유산에 많은 관심을 쏟았는데, 전통유산을 복원하거나 정비하면서 자신의 이름을 새기는 데 주력하였다. 그 방법이 글씨를 남기는 것이었는데, '현충사', '화석정', '광화문', '영호루' 등 많은 글씨와 현판을 남겼다.

# 숙종대왕 현충사 사액 제문

天之降難, 必生英特. 扶亡濟危, 全付丕責.
若漢之亮, 身任興復. 曁唐有晟, 生爲社稷.
烈烈惟卿, 其殆庶幾. 大節精忠, 偉略沈機.
島夷啓釁, 其端甚微. 衆所晏晏.
卿獨深憂, 屬制湖閫, 未雨綢繆,
獸心果逞, 豕突誰遏.

躪釜刳萊, 列郡氣奪. 卿惟屹若, 有截海防. 鐵鎖橫港, 龜艦駕洋.
刮骨援枹, 灑泣誓衆, 焚艘殱酋, 涅齒震悚, 月捷交馳, 天書屢奬, 三路水軍, 俾卿兼掌.
閑山移鎭, 控扼咽喉, 軍聲大振. 海氛將收, 云誰媒孼, 以刦代毅. 迨其敗衂, 復畀重寄.
單騎勇赴, 收拾餘燼, 柁櫓千盾, 廼葺廼繕, 旌旗變色, 士氣日奮.
指揮如神, 部伍整肅, 露梁大搏, 躬冒矢石. 逋寇屛息, 京觀可築.
胡天不惠, 將星閟耀.
功超懍鬚, 義並高趙.
殺身殉節, 古有此言. 身亡國活, 始見斯人.
士女巷哭, 千里不絶, 九重褒贈, 三事之秩.

鐵券**追頒, 旂常載烈. 湖嶺之人, 或祠或碣.

以寓悲愍, 至今不忘, 睠玆牙城, 寔卿舊鄕.
祈連象塚. 剡在玆土
風聲所感, 多士景慕, 於焉創宇, 永圖揭䖍, 肆因籲章, 恩額載宣.
伻官命祭, 予懷增愴.
不昧者靈.
尙此來饗.

* 未雨綢繆 : 비가 오기 전에 올빼미가 둥지의 문을 닫아 얽어맨다는 뜻으로, 화가 싹트기 전에 미리 방지함을 이르는 말.
** 鐵券 : 공신에게 나누어 주던 훈공을 적은 서책.

하늘이 재앙을 내릴 때는 반드시 영웅도 따라내어, 재앙으로 망하는 데에서 건져내는 큰 책임을 맡긴다.

한나라(蜀漢) 때에는 제갈량(諸葛亮)*이 자신의 몸을 맡겨 나라를 중흥하였고, 당나라 때에는 이성(李晟)**이 나라를 위해 태어났다.

열렬하도다 경(卿)이여! 저 사람들(제갈량, 이성)과 거의 같다.
큰 절개·맑은 충성·위대한 책략·심오한 기지여!
섬 오랑캐가 침략하려 할 때 처음에는 규모가 작아서 많은 사람들이 안심하였으나, 경(卿) 혼자 매우 걱정하여 호남지방 방어를 맡고서 오랑캐 침략에 앞서서 대비했네.
짐승 같은 적의 침략 어느 누가 막을까….

부산포·동래 짓밟히고 여러 고을 기세를 빼앗겼지만, 오직 경(卿)만이 우뚝 서서 바다 끊어 가로막고 쇠사슬 오랑캐 뱃길에 늘여놓고 거북선 띠

워 바다를 달렸다.

뼈를 긁어 총탄 빼내고 북채 들어 맹세하며, 적선을 불태우고 왜장을 죽이자 왜적들 두려워 떨고, 여러 번 승첩 조정에 아뢰니 임금이 표창 거듭 내려주며 삼도(三道) 해군을 지휘하도록 했다.

한산도로 진을 옮기고 적의 목을 잡아 베니 군사들의 함성 크게 떨쳤다. 대체로 바다의 재앙을 물리쳤는데 그 누가 흉계를 꾸며 악의(樂毅)를*** 대신하여 기겁(騎劫)을**** 쓰게 했는가? 왜적에게 패하여 기세가 꺾이니, 다시 3도 수군의 책임을 맡겼다.

혼자 말을 타고 용감하게 달려나가 불에 타고 남은 것을 수습하여 치와 노 그리고 방패를 고치고 수리를 하니 깃발이 새롭게 빛나고 군사들의 사기는 하늘에 떨쳤도다.

귀신같은 지휘로 군대를 정숙하게 하고 노량에서 적을 죽이고 크게 무찌를 때, 몸소 화살과 탄환을 무릅쓰고 싸웠다. 왜적들은 도망가고 죽은 적의 시체 산처럼 쌓였도다.

어찌 하늘이 은혜를 베풀지 않고 장군의 별빛을 닫아버렸나!

권율과 이정암보다 그 공로 뛰어났고 고경명과 조헌의 의기와 같도다.

절개에 죽는다는 말은 예로부터 있었지만, 자기 몸 죽여 나라를 살게 한 사람은 이 사람에게서 처음 보네.

남녀 모두 거리마다 통곡하는 것이 천리(千里)에 끊어지지 않고 임금님은 칭찬하며 상으로 정승 벼슬로 높여주었네.

철권에 이름을 기록하고 기폭에 공적을 적어 주었으며, 호남·영남 사람들은 사당을 짓고 비석을 세웠다.

슬픈 감정을 나타내며 지금도 잊지 못하겠다. 아산을 돌아보니 진실로 경(卿)의 고향이로다.

제사 지내는 경의 무덤 이곳에 있도다.

그 소문 듣고 감격하여 많은 사람이 우러러 사모하면서, 이곳에 사당을 세워 길이 공경하고자 글을 구하니 그에 따라 액자를 써서 내리노라. 제관을 보내 제사를 주관하니 더욱더 슬프도다.

영원히 잠들지 않는 영령이여!

이곳으로 와서 흠향하소서!

* 제갈량(181~234) : 중국 삼국시대 촉한의 전략가로 유비를 도와 촉한을 삼국의 하나로 올려놓았다.
** 이성(李晟, 727~793) : 당나라 덕종 때 반란을 진압, 벼슬이 사도에 이르고 사후 西平王에 봉해짐.
*** 악의(樂毅, BC 324~262) : 중국 전국시대 연나라의 명장. 모함으로 병권을 빼앗기고 망명함.
**** 기겁(騎劫, ?) : 연나라 혜왕이 악의를 경질하고 기겁에게 병권을 넘겼으나 참패함.

충과 효 외에
달리 할 일은 없느니라

忠孝堂 충효당

허 목(許穆)

경북 안동시 풍천면 하회종가길 69

　　안동 하회마을에 가면 '충효당'이 있다. 충효당은 서애 류성룡의 고택이다. 1999년에 영국 왕 엘리자베스 2세가 방문하여 세간의 이목을 끌었던 곳이다. 이 집에는 주인의 인품과 건물의 품격에 걸맞은 현판이 하나 있다.
　　미수 허목이 헌사한 '忠孝堂(충효당)'이라는 현판이다.
　　충효당 현판을 구경할라치면 으레 안내자가 나와 현판의 글자를 한 자 한 자 가리키며 이렇게 설명한다.

　　忠, 충성 충은 해를 받드는 모양이며
　　孝, 효도 효는 노인을 봉양하는 모습이며
　　堂, 집 당은 지붕아래 사람이 앉아있는 듯이 썼다.

　　그런데 글자를 아무리 자세히 보아도 도무지 알아보기가 무척 힘들다. 해서나 행서체로 썼다 해도 알아보기 힘든 요즘 시대에 이러한 글씨체는 더욱 어렵다. '미수체' 또는 '미전체'라 한다. 미수(眉叟) 허목(許穆)이 고대의 전서를 독창적으로 개발하여 만들어 낸 서체이다.

현판의 크기는 세로 58㎝, 가로 117㎝이다. 한 글자의 지름이 20㎝ 내외이며, 한 획의 굵기가 3㎝ 내외이다. 언뜻 보면 글자의 획이 좀 약해 보이지만, 굵고 곧은 쇠를 구부려 놓은 듯 강건한 맛이 있다.

충효당에 미수의 글씨가 걸리게 된 것은 아마도 그의 학맥과 관련이 있어 보인다. 우리는 퇴계 이황의 제자를 말할 때 흔히 학봉 김성일·서애 류성룡·한강 정구 3명을 꼽는다.

미수가 한강 정구의 제자였으므로 퇴계 이황의 학맥을 계승한 성리학자라 할 수 있다. 이러한 인연으로 서애 류성룡의 유택인 충효당에 당호 현판 글씨를 휘호한 것으로 보인다. 더욱이 미수는 그의 문집인 『記言(기언)』에 '서애유사(西厓遺事)'라는 서애 류성룡의 전기문을 썼을 정도로 흠모하였다. 그래서 미수가 선생이 충과 효를 겸비한 인물이라는 뜻으로 써준 글씨이다.

서예가로서 미수는 중국 상고시대인 하(夏)·은(殷)·주(周) 시기의 문자인 고전(古篆)을 집중 탐구하여 특유의 전서체를 만들었는데, 사람들은 이를 미수의 전서라는 의미에서 '미전(眉篆)'이라고 불렀다. 이 미전은 새와 벌레의 형상을 묘사한 조충서

(鳥蟲書)를 연상시키기도 하지만, 중국 진(秦)나라 이전의 고문을 연구하여 획의 변화무쌍함을 살린 독창적인 글씨체라 할 수 있다. 미수가 미전으로 쓴 대표적인 글씨로는 삼척에 있는 '척주동해비(陟州東海碑)'가 있다.

이 비는 미수가 예송논쟁에서 실패하고 좌천되어 삼척부사로 부임하였는데, 삼척에는 예로부터 조수의 피해가 많은 고을이라는 말을 듣고 미전체로 쓴 비를 바닷가에 세웠다. 이때부터 삼척에는 조수로부터의 피해가 없어졌다 하여 퇴조비라 부르기도 한다.

이후 사람들 사이에 미수의 글씨를 소장하면 사악한 기운이 없어진다는 소문이 돌았다. 이런 연유로 그 당시 많은 사람들이 미수에게 편액이나 묘비명과 신도비명 등을 부탁했기 때문에 지금까지도 미수의 글씨가 많이 남아 있다.

'충효당'(보물 제414호)은 류성룡 사후에 후손들이 지은 종택이다. 이 집은 원래 류성룡 선생이 어린 시절과 낙향 후 말년을 보낸 집으로 매우 단출했다. 하지만 선생은 돌아가실 즈음에 하회마을이 수해를 입어 풍산의 서미동으로 거처를 옮겨 기거하다가 농환재(弄丸齋)에서 별세하였다.

이 충효당은 서애가 별세한 뒤 일생을 청빈하게 산 선생을 기리기 위해 많은 유림의 도움을 받아 그의 손자 대부터 짓기 시작하여 8대손에 이르러 완성하였다.

당호를 '충효당(忠孝堂)'으로 한 것은 '나라에 충성을 다하고 부모에 효도를 다하라'는 가르침을 내린 서애 류성룡의 유지를 따른 것이다. 이 유지는 서애 류성룡 선생이 임종할 무렵 남긴 시에 있는데,

**勉爾子孫須慎**
자손들 너희에게 권하니 모름지기 근신하고

**忠孝之外無事業**
충과 효 외에 달리 할 일은 없느니라.

이 시구를 볼 때, 선생도 일생 동안 부끄럽지 않게 자기 자신을 낮추어 나라에 충성하고 부모에 효도하였듯이 자손들에게 충성과 효도를 다할 것을 당부하였다.

자손들은 이 당부를 가훈으로 삼아 본당에 현판으로 내 걸은 것이다. 이 현판만 보아도 우리는 류성룡 선생의 인품과 그 집안의 가풍을 짐작할 수 있을 것이다.

## 허목(許穆): 1595년(선조 28년) ~ 1682년(숙종 8년)

눈을 덮을 정도로 눈썹이 길어서 호를 미수(眉叟)라 하였다.
아버지의 임지를 따라 여러 지방에 살면서 그곳의 학문을 접하였고, 한강(寒岡) 정구(鄭逑)를 스승으로 섬겼다. 복상 문제로 정거(停擧: 일정 기간 동안 과거를 못 보게 하던 벌)를 당한 후 학문에 전념하여 원시유학을 기반으로 한 자신의 학문 세계를 완성하였다. 예송논쟁에 적극적으로 개진하여 정치에 참여하고 남인의 영수가 되었다. 과거시험을 거치지 않고 정승까지 오른 유일한 인물이기도 하다. 1680년(숙종 6년) 경신환국(庚申換局)으로 서인이 집권하자 관작을 삭탈당하고 고향인 연천 은거당(恩居堂)에서 저술과 후진 양성에 힘을 쏟았다.

문장·글씨·그림에 모두 뛰어났으며, 글씨는 특히 전서에 뛰어나 동방의 제1인자라 불렸다. 작품으로 삼척의 〈척주동해비(陟州東海碑)〉, 광명의 〈영상이원익비(領相李元翼碑)〉와 현판으로 보물 제592-2호 〈함취당(含翠堂)〉, 제592-3호 〈애군우국(愛君憂國)〉과 죽서루의 〈제일계정(第一溪亭)〉, 안동의 〈충효당(忠孝堂)〉, 봉화의 〈청암수석(靑巖水石)〉 등 전국 곳곳에 많은 현판을 남겼다. 저서로는 『미수기언(眉叟記言)』, 『동사(東事)』 등이 있다.

# 쓰나미를 막은 신비로운 척주동해비(陟州東海碑)

 '척주동해비'를 보면,
 신비롭고 신령스러운 분위기가 느껴진다. 한자로 쓴 비문이지만 글자체가 의외로 간결하게 처리가 되어 우리들에게는 다소 어렵게 느껴진다. 글씨를 좀 더 자세히 들여다보면 매우 아름답게 보인다. 글씨라 할 수 없을 정도로 조형미가 매우 뛰어나 예술작품이라 할 수 있다. 미수 허목의 전서체 가운데 가장 대표적인 작품이다. 그래서 이 척주동해비를 미수체의 결정판이라 한다.

척주동해비(강원도 삼척시 허목길 13-7)

"현종 2년 선생이 이 지방에 수령으로 와서 동해비를 짓고 써서 정라도에 세웠으나, 풍랑에 잠기니 선생이 이를 듣고 다시 써주었다. 이에 옛것과 새것 두 가지를 참고하여, 큰 글자는 구본을 사용하고, 작은 글자인 비문은 신본을 사용하여 돌에 새겨 죽관도에 세운다. 때는 1709년(숙종 35년) 을축년 봄 3월이다."

- '척주동해비' 비문 마지막 부문 -

원래 이 비는 1661년(현종 2년)에 삼척부사로 부임한 미수 허목이 세운 비석으로, 지금은 삼척항(정라항) 남쪽의 육향산 정상에 위치해 있다. 처음에는 정라진 앞 만리도(지금 정라항 방파제 끝부분)에 세웠는데, 1708년(숙종 34년)에 비석이 해일로 파손되어 바닷속에 잠기고 말았다. 이후 다시 높은 파도가 민가를 덮쳐 피해가 발생하자, 당시 부사인 홍만기가 허목이 여분으로 써 놓은 비문을 찾아서 다시 비석에 새겼고, 이듬해(1709년)에 삼척부사로 부임한 박내정이 죽관도 동쪽에 이 비석을 다시 세웠다. 이렇게 세워진 뒤로 260년 동안 동해바다의 해일을 막아내다가 1969년 12월에 비석이 서 있는 자리가 음지라 훼손될 우려가 있다고 판단하여 햇볕과 바람이 잘 드는 곳인 현재의 육향산(六香山)으로 이전하여 보존하고 있다.

삼척부사로 부임한 허목이 바다의 해일 때문에 백성들의 피해가 막대하다는 이야기를 듣고, '동해송'이라는 시를 지어 바다를 달랬다고 한다. 그리고 이 시를 비석에 새겨 바닷가에 세웠다. 그러자 바다가 조용해지고 해일도 일어나지 않아 백성들의 근심이 사라졌다고 한다. 그래서 이 비를 사람들은 파도를 물리치는 비석이라 하여 '퇴조비(退潮碑)'라고도 부른다.

'동해송'을 짓고 비석을 세웠다는 기록은 미수 허목의 문집인 『기언(記言)』에도 보인다.

> 삼척은 나라의 동쪽 끝 바닷가의 외진 곳으로, 옛날 실직씨(悉直氏)의 땅이다. 서울에서 700리나 떨어져 있고 바다 기운이 늘 어둡고, 거센 바람과 사나운 파도가 많아 온갖 변괴가 나타난다. 이에 〈동해송(東海頌)〉을 지어 바닷가의 바위에 새겼는데 모두 190여 자이다.
>
> 三陟. 國之極東海上窮處. 古悉直氏之墟. 去京都七百里. 海氣常暗. 多盲風海惡. 幽怪萬變. 乃作東海頌. 刻石海上. 凡一百九十餘言.
>
> - 『미수기언(眉叟記言)』 제65권 자서편 -

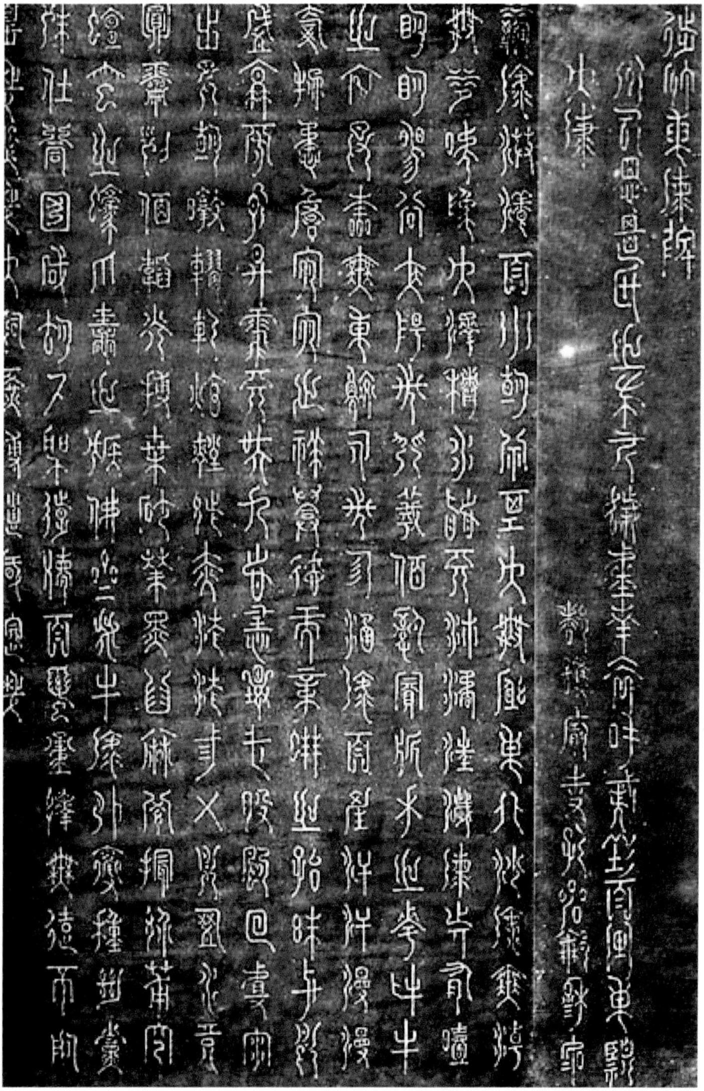

## • 비문 내용

洲古悉直氏之地 在濊墟南去京都七百里 東臨大海 都護府
史 孔岩 許穆書

瀛海漭瀁 百川朝宗 其大無窮 東北沙海
無潮無汐 號爲大澤 積水稽天 淳漓汪濊
海動有曀 明明暘谷 太陽之門 羲伯司賓
析木之次 牝牛之宮 日本無東 蛟人之珍
涵海百産 汗汗漫漫 奇物譎詭 宛宛之祥
興德而章 蚌之胎珠 與月盛衰 旁氣昇霏
天吳九首 怪蘷一股 飈回且雨 出日朝暾
轇軋炫熿 紫赤滄滄 三五月盈 水鏡圓靈
列宿韜光 扶桑沙華 黑齒麻羅 撮髻莆家
蜓蠻之蠔 瓜蛙之猴 佛齊之牛 海外雜種
絶黨殊俗 同囿咸育 古聖遠德 百蠻重譯
無遠不服 皇哉熙哉 大治廣博 遺風邈哉

顯宗二年 先生來守是邦 撰篆東海碑 立於汀羅島 爲風浪
激沈 先生聞而改書
今參考兩本 大字用舊本 小字用新本 刻竪于竹串島 時 上
之 三五年 乙丑春三月也

척주는 옛 실직씨의 땅이다. 예나라의 터 남쪽으로 서울에서 700리 거리이다. 동쪽으로는 큰 바다에 접해 있다. 도호부사 공암 허목 쓰다.

큰 바다 넓고 넓어 온갖 냇물 모여드니 그 큼이 끝이 없어라
동북쪽은 모래바다여서 밀물과 썰물이 없으므로 큰 호수라 불렀네.
모인 물 하늘에 닿아 출렁임이 넓고도 깊으니 바다의 움직임에 음산함이 있다.
밝고 밝은 양곡은 해 뜨는 문이로다.
희백이 해를 맞으니 석목의 차례이다.
빈우(동해신의 이름)의 궁으로 해 뜨는 동쪽의 끝이로다.
교인(인어)의 진기한 보물과 바다의 온갖 산물 한도 없이 많기도 하여라.
기이한 물체 조화를 부려 꿈틀대는 그 상서로움은 덕을 일으켜 나타나도다.
조개 속에 든 진주는 달과 함께 성쇠를 같이 하니 기운은 토해내고 안개는 올린다.
머리가 아홉인 천오(바다의 신, 水神)와 외발 달린 기는 폭풍을 일으키고 비를 뿌린다.
굴조개를 잡는 연만족, 원숭이가 많이 사는 조와족
소를 좋아하는 불제족 바다 저편 잡종이라 종족도 다르고 풍속도 다른데
같은 땅에서 자라서 옛 성인의 덕화 멀리 미치어
많은 오랑캐에 거듭 알려져 멀리까지 복종하지 않는 곳 없다.
훌륭하고 빛나도다. 큰 다스림 넓고 커서 남긴 기풍 끝이 없어라.

현종 2년 선생이 이 지방에 수령으로 와서 동해비를 짓고 써서 정라도에 세웠으나 풍랑에 잠기니 선생이 이를 듣고 다시 써주었다. 이에 옛것과 새것 두 가지를 참고하여, 큰 글자는 구본을 사용하고, 작은 글자인 비문은 신본을 사용하여 돌에 새겨 죽관도에 세운다. 때는 1709년(숙종 35년) 을축년 봄 3월이다.

* 석목 : 전국시대에 성립된 십이차(하늘을 12구역-성기星紀, 현효玄枵, 추자娵訾, 강루降婁, 대량大梁, 실침實沈, 순수鶉首, 순화鶉火, 순미鶉尾, 수성壽星, 대화大火, 석목析木으로 나눔)론에서 12번째 구역. 28수의 미尾, 기箕, 두斗 성星에 해당된다.
* 기 : 소의 형상에 몸이 푸르고 뿔이 없으며 다리가 하나인 짐승. 아침에 돋은 햇살 요란하게 밝게 비추니 자주색 붉은 빛은 싸늘하도다. 보름에 둥근 달 물에 반사되어 밝게 비추니 별들이 빛을 감추네. 부상의 사화족, 흑치의 마라족, 상투 튼 보가족
* 부상국 : 부상국은 대한국 동쪽에 있는데, 판잣집을 짓고 살며 성곽이 없다.
* 흑치국 : 창해 동쪽 발해의 밖에 있으며, 일본 왜라고도 한다.
* 보가족 : 동남해에 있는데 임금은 머리털을 뒤로 모아 묶었으며 백성들은 머리를 깎았다.
* 연만족 : 연만은 세 종족이 있는데, 한 종족은 어연魚蜒으로 낚시질을 잘하고, 다른 한 종족은 호연蠔蜒으로 바다에 들어가 굴을 채취하는 것을 잘하고, 또 다른 한 종족은 목연木蜒으로 나무를 제어 과일 따는 것을 잘한다.

주술적인 내용이지만 당시에는 이와 같은 방법밖에는 없었을 것이다. 어찌 되었든 이 비석이 세워지자 동해의 해일이 멈추고 민가의 피해가 없어졌다고 하니, 그 신통함이 증명되었다고 할 것이다. 이 비석의 신통함이 알려진 이후 많은 사람이 비문을 탁본하여 소장하고 있으며, 소장한 사람들이 수재(水災)

로부터 보호받았다는 소문도 있다. 이러한 소문이 더해져 모든 재액을 물리치고 소원을 이루게 해준다는 믿음이 사람들에게 알려져 있다.

1661년에 삼척부사로 부임한 미수 허목이 동해바다의 해일 피해를 막고자 척주동해비를 세웠던 그곳에 지금 재미있는 일이 벌어지고 있다. 콘크리트 기둥 두 개가 세워지고, 기둥 사이에 강판 수문을 끼워 밀려오는 해일(쓰나미)을 막고자 인공의 거대한 방어막을 설치하고 있다. 현대판 척주동해비인 해일방지 시설물을 세우고 있는 것이다.

예나 지금이나 자연 앞에서 무력한 것이 인간이다. 예전에는 비석을 세워 성난 바다를 달래는 주술적인 방법을 택했다면, 지금은 성난 바다를 막아내는 시설물을 만들어 지진과 해일을 이겨내려는 전투적인 방법을 택했다고 할 수 있다. 과연 성난 바다에 이 방법이 통할지는 지켜볼 일이다.

굳은 의지를 다지는
피눈물의 현판

## 無忘樓 무망루

영조(추정)

경기도 광주시 남한산성면 산성리 산23

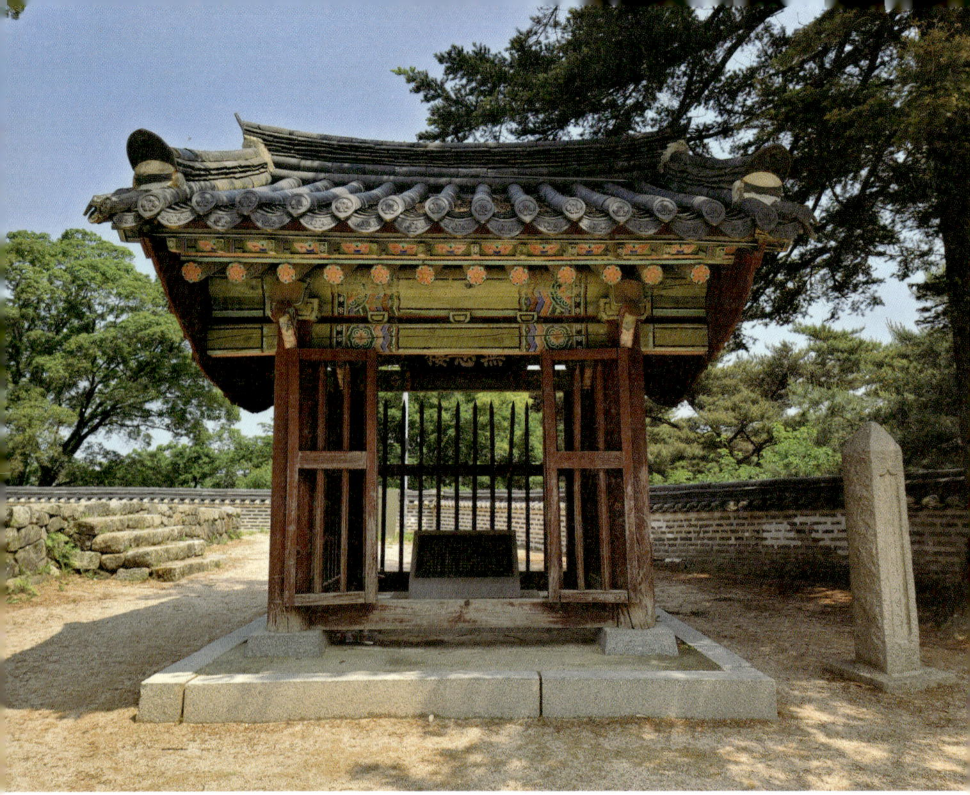

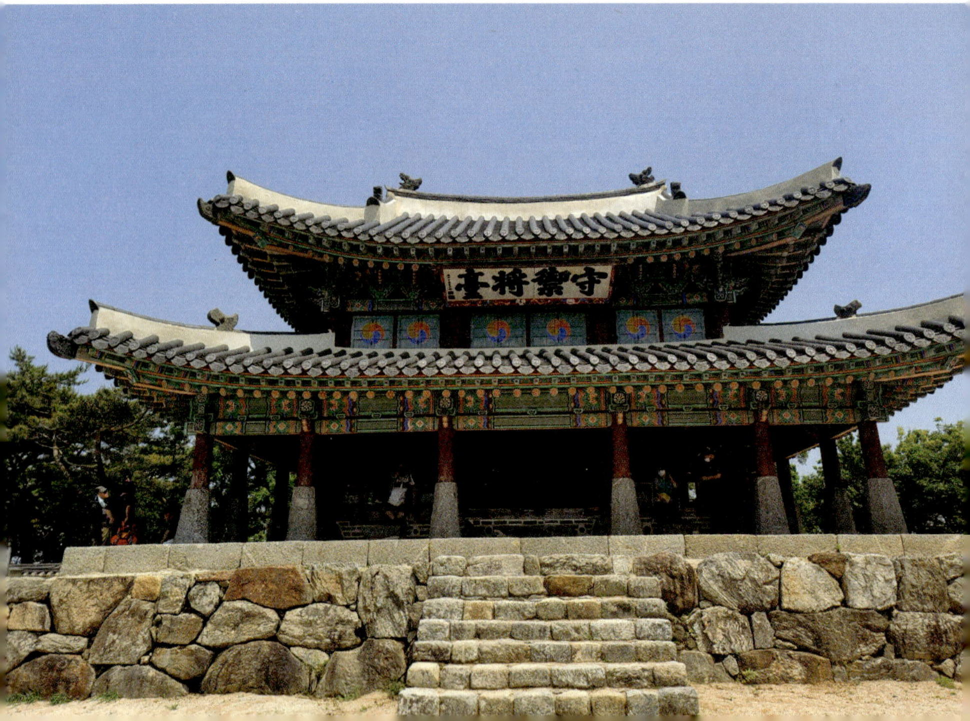
守禦將臺

守禦將臺(수어장대)에서 장대(將臺)란, 성곽에서 가장 높은 곳에 정자나 누각 같은 건물을 짓고 장수가 올라가 지휘하도록 만든 건물을 말한다. 수어(守禦)란, 남한산성 내에 수어청(守禦廳)이 있었기 때문에 수어라는 글자를 가져온 것이다. 이 둘을 합쳐 '수어장대'라 하였다. 즉, 수어장대는 수어청의 가장 높은 지휘관인 수어사(守禦使)가 올라가 지휘하는 장대라는 뜻이다. 남한산성 안에서 현존하는 건물 중에 가장 멋진 건물로 꼽을 수 있다. 하지만 예전에는 수어장대를 산성의 서쪽에 자리한 장대라는 의미에서 '서장대(西將臺)'로 더 많이 불렀다.

이 수어장대에는 현판이 두 개가 있었다. 하나는 건물의 외부에 걸려 있는 '守禦將臺(수어장대)'라는 현판이고 또 하나는 장대 내부에 걸려 있는 '無忘樓(무망루)'라는 현판이다. 그런데 지금은 장대에 '守禦將臺' 하나만 걸려있다. 그러면 '無忘樓' 현판은 어디로 갔을까?

이 '무망루' 현판은 현재 장대 밖 마당으로 나와 보호각 속에 갇혀 있는 신세가 되었다. '무망루'라는 편액이 수어장대에서 밖으로 나오게 된 이유는 편액의 글자 뜻과 깊은 관련이 있다.

'無忘(무망)' 즉, '절대 잊지 말자'라는 뜻이다. 병자호란으로 인조가 겪은 치욕과 청나라에 볼모로 끌려가 수모를 당하고 돌아온 후, 그 수모를 되갚아 주기 위해 북벌(北伐)을 준비하다 갑자기 승하한 효종의 원한을 잊지 말자는 것이다. 이렇게 '잊지 말자'라는 뜻을 지닌 현판을 사람들이 볼 수 없다면 무슨 소용이 있겠는가?

원래 '無忘樓(무망루)' 현판은 수어장대 건물의 내부에 걸어 놓았었다. 건물의 내부에 걸어 놓아도 사람들이 드나드는 곳이었기 때문에 누구나 볼 수 있었다.

하지만 지금은 수어장대를 보존하기 위해 장대 내부로 사람들을 들어가지 못하게 하면서 무망루 현판은 더는 볼 수 없게 되었다. 이 현판을 일반인들이 볼 수 없게 되자, 1989년에 수어장대 2층 내부에 붙어 있던 현판을 떼어내 장대 마당 한쪽에 생뚱맞게 보호각을 만들고 그 안쪽에 걸어 놓았다. 이곳을 찾는 많은 사람들이 쉽게 볼 수 있도록 무망루의 참뜻을 알리려는 목적이었다.

그러면 누가 이렇게 '잊지 말자(無忘)'라는 현판의 이름을 지었을까? 바로 영조 임금이다.

영조는 아버지 숙종이 남한산성의 서장대에 올랐던 것과 같이 서장대에 올랐다. 그리고 그 옛날 인조의 치욕과 효종의 한을 생각했을 것이다. 치욕과 한을 잊지 않겠다고 다짐도 했을 것이다. 이 다짐이 표출된 것이 바로 '無忘樓(무망루)'라는 현판이다. 영조는 서장대를 다녀온 후 장대를 더 크고 웅대하게 증축하라 명하고, 증축된 곳에 걸어 둘 현판의 이름을 지었던 것이다. 1751년(영조 27년)에 명을 받은 광주 유수 이기진에 의해

2층으로 증축하여 무망루 현판을 걸게 되었다.

어찌 됐든 지금 수어장대의 두 현판은 서로 떨어져 있다. 그리고 우리가 볼 수 있는 두 현판은 원본을 본떠서 만든 것이다. 진본 편액 '수어장대'는 누각 안에 보관되어 있고, 또 '무망루' 현판도 누각 안쪽 벽에 걸려있어 볼 수가 없다. 이 두 현판의 진본은 나중에 남한산성박물관이 완공되면 그때 일반에 공개될 예정이다.

역사는 계속 반복된다. 그렇기 때문에 우리들은 '무망루' 현판을 보고, 그 참뜻을 이해하면서 지난날을 반성하고, 동시에 보다 나은 미래를 준비해야 한다.

그런데 여기서 꼭 짚고 넘어가야 할 것이 있다.
어떻게 현판을 보호각 속에 넣을 수 있는가? 정말로 한심하기 짝이 없다.
이 현판은 오랑캐에 당한 굴욕을 '절대 잊을 수 없다'는 뜻을 지닌 것이라서 더더욱 사람들에게 잘 보이도록 걸거나 달아 놓아야 한다. 그런데 현실은 보호각 속으로 들어가 잘 보이지 않는다.
처음에 달았던 곳도 잘 보이지 않는 수어장대 2층 내부였다. 그래서 사람들에게 잘 보이게 하려고 장대의 건물 밖으로 나왔지만, 오히려 보호각 안에 가두어 놓았으니 무망루 현판을 건물 밖으로 나오게 한 까닭을 도무지 알 수가 없다. 어찌 됐든 보호각 속에 갇힌 현판도 진본이 아닌 이상 굳이 보호각이 필요할까? 보호각은 관람에 방해만 되어 글씨를 볼 수가 없다. 현판의 참뜻을 알려면 글씨를 읽어보아야 하지 않을까 생각해 본다.

## 영조(英祖) : 1694년(숙종 20년) ~ 1776년(영조 52년)

조선 제21대 임금. 재위 기간은 1724년부터 1776년이다. 숙종의 세 아들(경종, 영조, 연령군) 중 둘째이며, 어머니는 숙빈(淑嬪) 최씨이다. 비는 정성왕후(貞聖王后)이고, 계비는 정순왕후(貞純王后)이다. 아버지 숙종과 무수리 출신이었던 숙빈 최씨 사이에서 태어났다. 군호는 연잉군(延仍君)이다. 영조는 조선왕조 최초로 왕세자가 아닌 왕세제로서 왕위에 오른 임금이다. 즉 경종이 세자를 배출하지 못하고 재위에 오른 지 얼마 되지 않아 죽자 그의 동생으로 왕위에 오른 임금이다. 왕위에 오른 영조는 재위 기간이 52년으로 조선왕조에서 가장 오랜 기간 재위에 있었던 왕이고, 가장 장수(82세)한 왕이다. 탕평책을 통해 붕당정치를 바로잡았으며, 자신도 매우 검소한 생활을 하였다. 백성들의 삶을 유지시키기 위한 정치를 펴 성군의 정치를 하였지만, 사도세자를 죽음에 이르게 하는 등 몇 가지 오점도 남겼다. 영조는 조선왕조에서 가장 많은 현판을 남긴 임금이다. 대표 현판으로, 〈건구고궁(乾九古宮)〉, 보광사의 〈대웅보전(大雄寶殿)〉, 여주의 〈감고당(感古堂)〉 등이 있다.

# 삼배구고두례(三拜九叩頭禮)

삼전도비, 서울시 송파구 송파나루길 256번지
청나라에 항복한 인조가 삼배구고두례를 행한 삼전도에 세운 청태종의 공덕비

　삼배구고두례(三拜九叩頭禮)는 병자호란에 패한 인조가 청 태종 앞에서 거행한 항복의례이다. 항복의례는 1637년 1월 30일 지금의 잠실 석촌호수 부근인 삼전도(三田渡)에서 있었다. 세 번 절하고 아홉 번 머리를 조아리는 형식이다.『조선왕조실록』에 '삼배구고두례(三拜九叩頭禮)'에 대한 기록이 있다.

- 『인조실록』 (인조 15년, 1637년 1월 30일)

"용골대 등이 인도하여 들어가 단(壇) 아래 북쪽을 향해 설치된 자리로 상(인조)에게 나가기를 청하고, 청나라 사람에게 차례를 호령하게 하였다. 상(인조)이 세 번 절하고 아홉 번 머리를 조아리는 예를 하였다. 용골대 등이 상(인조)을 인도하여 진의 동문으로 나왔다가 다시 동북쪽 모퉁이로 들어가서 단(壇)의 동쪽에 앉게 하였다."

龍胡等引入, 設席於壇下北面, 請上就席, 使淸人臚唱. 上行三拜九叩頭禮. 龍胡等引上由陣東門出, 更由東北隅而入, 使坐於壇東.

삼배구고두례(三拜九叩頭禮)는 삼궤구고두례(三跪九叩頭禮)라고도 한다.

중국에서 황제나 높은 대신을 만났을 때 머리를 조아려 절하는 예법이다. 고두례(叩頭禮)는 본래 신(神)이나 직계 친족 어른에게 존경을 표시하기 위한 행동이었다. 이것이 명나라 때에 황제에 대한 복종 의식으로 발전되었고, 번국이나 속국에서 온 사신들이 황제를 알현할 때에도 이 의식이 행해졌다. 명나라 이후 청나라 때에도 이 제도를 그대로 사용하였다. 그러다 신해혁명 이후에 이 제도는 폐지되고, 대신 허리만 가볍게 굽히는 인사법인 국궁(鞠躬)으로 대체되었다.

행하는 방식은 "궤(跪)"의 명령을 듣고 무릎을 꿇고, "일고두

(一叩頭)", "재고두(再叩頭)", "삼고두(三叩頭)"의 구령에 따라 양 손을 땅에 댄 다음에 이마가 땅에 닿을 듯 머리를 조아리는 행동을 3차례 하고, "기(起)"라는 구령에 따라 일어선다. 이와 같은 행동을 3회 반복한다.

  만주족이 세운 후금의 홍타이지(청 태종)가 국호를 청으로 새롭게 정하고 황제에 즉위하였다. 그리고나서 조선에 조공과 명나라를 치기 위한 출병을 요구하였다. 조선에서 거절하자 군신 관계를 요구하며 1636년 12월 6일 직접 12만 대군을 이끌고 압록강을 건너 조선을 침공해왔다. 청 군사들은 압록강을 넘자마자 조선의 왕이 있는 한양으로 곧바로 진격해 왔다. 너무 급박하게 한양으로 진격하여 오자 조선 조정에서는 종묘의 신위와 왕자들 그리고 빈궁들을 먼저 강화도로 피신하게 하고, 인조 임금도 뒤따라 강화도로 몽진하려 했으나, 이미 청 군사들이 강화도로 가는 길목을 점령하고 있었기 때문에 몽진을 남쪽으로 돌려 남한산성으로 들어갈 수밖에 없었다. 성안에서 45일을 버텼으나, 근왕병의 연이은 패배 그리고 추위와 굶주림으로 많은 사람이 죽어 나가자 더는 버텨 낼 수 없는 지경에 이르렀고, 결정적으로 강화도로 피신 간 왕자들과 빈궁 등이 사로잡혔다는 소식을 듣고, 인조는 성을 나와 항복하기로 결정하였다. 이렇게 결정하고 삼전도(三田渡, 서울특별시 송파구 잠실동 석촌호수 부근)로 내려와 항복의례를 하였다. 이 항복의례가

'삼배구고두례(三拜九叩頭禮)'라는 것이다.

그런데 인조(仁祖)가 청 태종에게 삼배구고두례(三拜九叩頭禮)를 하면서 머리를 땅바닥에 찧어 가며 피가 나도록 했다는 말은 사실일까?

사실이 아닐 것이다. 『조선왕조실록』을 비롯한 어느 문헌에도 인조가 머리를 찧어 가며 피가 나도록 삼배구고두례를 했다는 기록은 찾아볼 수 없다.

인조도 세 번 무릎을 꿇고 아홉 번 머리를 땅에 닿을 정도로 조아린다는 삼배구고두례의 본래 뜻에 맞게 항복의례를 했을 것이다. 이 정도의 의례라면 이마에서 피가 나지 않는다. 이러한데도 인조가 머리를 땅에 찧어 가며 고두례를 했다는 것은 지어낸 것에 불과한 것이다. 굴욕에 대한 참을 수 없는 수모를 잊지 않기 위해 과장되게 말하고, 또 이것이 구전되어 지금까지 전해진 것이 아닌가 생각해 본다.

**인조(仁祖)** : 1595년(선조 28년) ~ 1649년(인조 27년)

조선의 제16대 임금. 재위 기간은 1623년~1649년. 1623년 인조반정으로 왕위에 오른 임금. 아버지는 정원군(선조의 5남)이며 어머니는 연주군부인 구씨이다. 정원군의 장남으로 태어나 능양군으로 책봉되었다. 왕위 서열에서 거리가 먼 왕족이었으나, 반정으로 왕위에 올랐다. 왕위에 오른 뒤 반정공신의 주축세력인 서인들과 친명배금정책을 펼쳤다. 이 때문에 후금은 정묘호란(丁卯胡亂)을 일으켰고, 뒤이어 후금은 청으로 국호를 바꾼 뒤 병자호란(丙子胡亂)을 일으켰다. 인조는 청에 항복하고 군신의 관계를 맺었다. 항복을 했던 의례가 삼배구고두례(三拜九叩頭禮)이다. 반정으로 세운 나라였지만, 제대로 된 개혁 한 번 못해보고 오랑캐의 침략으로 나라는 혼란에 빠지고 백성은 온갖 고통을 겪어야만 했다. 1649년(인조 27년) 5월에 54세의 나이로 생을 마감했다. 능호는 장릉(長陵)이다.

## 더 보아야 할 현판

본편에 소개하지 못한
또 따른 현판들

# 敬藏閣 경장각

전라남도 장성군 황룡면 필암서원로 184

경장각(敬藏閣) 현판은 조선 제19대 임금 정조대왕이 필암서원에 써준 것이다. 하서 김인후(金麟厚, 1510~1560)와 인종(仁宗, 1515~1545, 재위 : 1544~1545) 임금 사이의 각별한 인연을 보여주는 묵죽도(墨竹圖)의 판각을 보관하기 위해 정조가 하사금을 내려 건물을 세우게 하고 직접 현판을 써 주었다. 필암서원은 2019년 유네스코 세계문화유산에 등재된 서원 9곳 중 한 곳이다.

# 飛飛亭 비비정

전라북도 임실군 성수면 봉강길 121

  비비정(飛飛亭) 현판은 우암 송시열이 쓴 편액이다.

  이 현판은 송시열이 1680년에 비비정을 세운 무신 집안인 전주 최씨 가문의 최후량에게 써 준 글씨이다. 송시열은 중국의 장군인 장비(촉한의 장수)와 악비(남송의 장수)와 같이 충효를 드러낸 최씨 집안을 기리기 위해 두 장군의 이름인 비(飛)자 한 자씩 가져와 비비정(飛飛亭)이라 이름 짓고 글씨를 써 주었다.

# 陶山書院 도산서원

경상북도 안동시 도산면 도산서원길 154

　조선시대 최고의 명필 석봉 한호(韓濩, 1543~1605)가 쓴 현판이다.
　선조가 퇴계를 기리기 위해 세워진 도산서원을 사액하면서 내려준 현판으로, 당대 최고의 명필인 석봉을 불러 '도산서원'이라는 글씨를 쓰게 하였다. 선조는 글씨를 망칠까 걱정하는 마음에 거꾸로 원(院), 서(書), 산(山), 도(陶) 한 자씩 불러 주며 글씨를 쓰게 했다는 이야기도 전한다.

# 大老祠 대로사

경기도 여주시 청심로 113

　정조 임금 때 노론의 영수인 우의정 몽오(夢梧) 김종수(金鍾秀)가 쓴 것으로 우암 송시열을 모신 사당인 여주(驪州)의 '대로사'에 걸려 있는 현판이다. 정조가 1779년에 여주에 있는 영릉(英陵, 세종릉)과 녕릉(寧陵, 효종릉)을 참배하기 위해 여주로 행차하였는데, 이때 여주의 유림들이 송시열의 사당 건립을 요청하자 정조가 허락하여 '대로사'라는 사당이 건립되었다. 사당이 건립되자 정조는 '대로사(大老祠)'로 사액하고, 노론의 영수인 김종수가 쓴 현판을 사액하였다.

# 큰법당

경기도 남양주시 진접읍 봉선사길 32

운봉(雲峰) 금인석(琴仁錫) 선생이 쓴 현판이다.

이 현판은 조계종 제25교구 본사인 봉선사 대웅전에 걸린 편액으로 한글로 쓴 현판이다. 1970년에 운허 스님이 6.25로 폐허가 된 봉선사의 대웅전을 중건하고, '큰법당'이라 이름 짓고 현판을 달았다. 이는 우리나라 최초로 사찰 안에 있는 한글 현판이다.

# 靑巖水石 청암수석

경상북도 봉화군 봉화읍 충재길 44

전서의 대가 미수 허목(眉叟 許穆, 1595~1682)이 쓴 현판이다.
 미수가 봉화의 청암정이 아름답다는 이야기를 듣고 직접 찾아가 보려 했지만 끝내 가보지 못했다. 대신 '靑巖水石(청암수석)'이라는 현판을 전서체인 미수전으로 써 주었다. 그리고는 병석에 누워 3일 만에 별세하니, 이 현판이 미수 허목의 마지막 글씨가 되었다.

# 佛甲寺 불갑사

전라남도 영광군 불갑면 불갑사로 450

　이 현판의 낙관을 보면 '십일세불하당(十一歲不瑕堂), 김진민(金瑱珉)'이라고 쓰여 있다. 즉 11살의 불하당 김진민(1912~1991)이라는 여성 서예가가 쓴 것이다. 현재 존재하는 전국의 대부분 현판은 주로 남성의 전유물인데, '불갑사' 현판은 여성이 쓴 것으로 매우 흥미롭다.

# 佛光 불광

경상북도 영천시 청통면 청통로 951

이 현판은 추사 김정희(1786~1856)가 썼으며, 팔공산 은해사에 있다. 추사 김정희는 유독 은해사에 많은 현판을 남겼는데, 그중에서도 눈길을 끄는 것이 이 '佛光(불광)'이라는 현판이다. 글씨를 모르는 사람이 보더라도 '佛(불)'자의 한 획이 유달리 길게 뻗어 있어 가로로 쓴 현판이지만 세로로 쓴 느낌이 든다. 저절로 보는 이의 눈길을 사로잡는다.

# 洗兵館 세병관

경상남도 통영시 세로 27

　조선 삼도수군통제사영인 세병관(국보 제305호)에는 '洗兵館(세병관)'이라는 현판이 걸려 있다.
　세병관이라는 이름은 두보의 시 '洗兵馬'에서 가져온 것으로, "安得壯士挽天河(안득장사만천하) / 淨洗甲兵長不用(정세갑병장불용)", "어떻게 힘센 장사를 얻어서 하늘의 은하수를 끌어와 / 병장기를 깨끗이 씻어내어 오랫동안 사용하지 못하게 한단 말인가?" 즉, 만하세병(挽河洗兵)이라는 구절에서 따온 것이다. 현판에 담긴 의미는 오래도록 병장기를 사용하지 않기를 바라는 마음 즉, 전쟁이 없는 평화를 갈망하는 뜻이 담겨 있다.
　현판의 글씨는 제136대 서유대(徐有大, 1732~1802) 통제사가 썼으며, 현재 우리나라에서 가장 큰 현판(652.4×243.8㎝)이다.

## (ㄱ)

가토 기요마사(加藤淸正) 69, 70, 76
경복궁 14, 92
경운궁(慶運宮) 92, 93, 95, 96, 101, 104, 105
경장각(敬藏閣) 202
계룡산 12, 13, 16
고바야가와 다카카게(小早川隆景) 73
고산정(孤山亭) 66
고종 72, 92, 93, 94, 95, 101, 111, 113, 116, 118
공민왕 36, 37, 40, 42, 44, 45, 46
곽암(廓庵) 135
광한루(廣寒樓) 36
광해군 66, 92, 104, 105
권사복(權思復) 45
권율(權慄) 69, 70, 73, 74, 75, 76, 77, 78, 173
금강산 13, 24, 26, 27, 28, 30, 32
기겁(騎劫) 173, 174
길재(吉再) 46
김굉필(金宏弼) 46
김구 143, 144, 145, 147
김만덕 24, 27, 28, 30, 31, 32
김성일 177
김영수(金永綬) 145, 147, 148, 155
김이교 89
김인후(金麟厚) 202
김정희(金正喜) 24, 28, 29, 30, 52, 209
김종수(金鍾秀) 205
김종주(金鍾周) 24, 30
김종직(金宗直) 45, 46
김진민(金瑱珉) 208
김학순(金學淳) 38
김해(金海) 32, 38, 43, 143

## (ㄴ)

남정철(南廷哲) 96, 99
남한산성 191, 192, 198

## (ㄷ)

대안문(大安門) 92, 93, 94, 95, 96
대조루(對潮樓) 82, 83, 84, 85, 86, 87
대한문(大漢門) 92, 93, 94, 95, 96, 99
대한제국 92, 95
덕수궁(德壽宮) 92, 93, 94, 99, 101
도모노우라 83, 84, 85, 87
독산성(禿山城) 68, 69, 70, 71, 75, 76, 77, 80
두보(杜甫) 127, 210

## (ㄹ)

류성룡(柳成龍) 38, 177, 178, 179
리훙장(李鴻章) 112, 113, 115, 120

(ㅁ)

만공 130
만송정(萬松亭) 66
망모당(望慕堂) 58, 61, 63
망월사 8, 111, 112, 114
『맹자(孟子)』 65
명례궁(明禮宮) 101, 106
명륜당(明倫堂) 63, 64, 65
묘향산 12
무망루(無忘樓) 191, 192, 193
무학대사 14
문무왕 49
『미수기언(眉叟記言)』 180, 183
민병석(閔丙奭) 92, 95, 99

(ㅂ)

박정희(朴正熙) 37, 40, 161, 163, 164, 165, 166, 167, 168, 169, 170
배정자 93, 94, 100
백두산정계비 16
백문보(白文寶) 44
『백범일지』 143, 144
백운사 49, 50, 54
백정기 143
벽제관 77, 78
변사기(邊士紀) 151, 152
『별건곤』 93, 94
보명(普明) 135
불갑사 208
불광(佛光) 209
비비정(飛飛亭) 203

(ㅅ)

삼배구고두례(三拜九叩頭禮) 196, 197, 199, 200
삼전도(三田渡) 196, 198
상악단(上嶽壇) 12
서궁 92, 101, 105
서유대(徐有大) 155, 210
서장대 192
석촌호수 196
선덕여왕 112
선조 92, 95, 96, 104, 105, 204
선혜청(宣惠廳) 27
성균관 64, 65
성종 103
세마대(洗馬臺) 68, 70, 71, 72
세병관(洗兵館) 146, 148, 150, 210
세조 46, 103, 106
세종 102, 205
손원일 144
송시열 203, 205
송영구(宋英耈) 58, 59, 60, 62
『수사일록(隨槎日錄)』 83, 84, 87
수어장대 191, 192, 193
숙종 123, 160, 161, 162, 163, 165, 166, 167, 168, 169, 192, 195
순종 101
신맹빈(申孟彬) 38
신원사(新元寺) 14, 16
신정왕후 52
『신증동국여지승람』 44, 103
심우도 135
심우장(尋牛莊) 130, 131, 133, 132, 134
쓰나미 188

(ㅇ)

악양루 83, 85
악의(樂毅) 173, 174
안처순(安處順) 65
안한준(安漢俊) 38
엘리자베스 176
여우길 89
연경궁(延慶宮) 101, 102, 103
『영가지(永嘉誌)』 37, 38
영남루(嶺南樓) 36
영사정(永思亭) 63, 65, 66
영세불망비(永世不忘碑) 18, 19, 21
영응대군(永膺大君) 102
영조 192, 195
영종도 48, 53
영호루(映湖樓) 36, 37, 38, 39, 40, 42, 43, 44, 170
오무장공사(吳武壯公祠) 116, 117, 119
오세창(吳世昌) 132, 133
오윤겸 89
오장경(吳長慶) 112, 115, 116, 117, 118, 120
왕희지(王羲之) 128
용궁사(龍宮寺) 48, 49, 50, 51, 53, 54, 55
우규명(禹圭命) 116
우키타 히데이에(宇喜多秀家) 69, 76, 79, 80
운주당(運籌堂) 146, 148, 150
원균 146
원세개(袁世凱) 8, 111, 112, 113, 114, 115, 116, 117
원효대사 49

월산대군(月山大君) 92, 101, 102, 103
위부인(衛夫人) 128
유근(柳根) 60, 63, 66
유네스코 88, 202
유방 64
유치웅(兪致雄) 130, 131, 132, 133, 134
윤봉길 143
윤순지 89
윤지완 89
융릉 71
은광연세(恩光衍世) 24, 30
의경세자(懿敬世子) 103
이광사(李匡師) 122, 123, 124, 125, 126, 127, 128
이긍익(李肯翊) 127
이기진 192
이봉창 143
이빈(李蘋) 79
이색(李穡) 44
이성(李晟) 172, 174
이성계 12
이순신(李舜臣) 73, 143, 144, 145, 146, 147, 150, 151, 160, 162, 163, 164, 165
이승만(李承晚) 71, 72
이여송 68
이정구(李廷龜) 63
이제현(李齊賢) 46
이중하 16, 18, 19, 21
이집두(李集斗) 38
이치(梨峙) 73, 74, 76, 80
이토 히로부미(伊藤博文) 96, 100
이하응(李昰應) 52

이황 177
인목대비(仁穆大妃) 92, 105, 106
인조(仁祖) 106, 191, 192, 196, 197, 198, 199, 200
인화문(仁化門) 92
일주문(一柱門) 122, 123
임광 89
임오군란 52, 116, 120
임진강 78
임진왜란 59, 62, 68, 70, 73, 74, 75, 77, 80, 85, 88, 92, 95, 101, 104, 105, 123, 143, 150

(ㅈ)
자연도(紫燕島) 48
『장자(莊子)』 59
『정감록』 12
정구(鄭逑) 177, 180
정릉동행궁(貞陵洞行宮) 101, 103
정립 89
정몽주(鄭夢周) 46
정무사(靖武祠) 116, 117, 118
정조 26, 30, 71, 148, 202
정지용 130
정철(鄭澈) 59, 62
제갈량(諸葛亮) 172, 174
제승당 143, 144, 145, 147, 148
조경(趙儆) 145, 146, 148, 149
『조선왕조실록』 27, 13, 42, 101, 118, 162, 196, 199
조선총독부 17, 130
조선통신사 82, 83, 84, 85, 88, 89
조엄 84, 89

조지훈 130
조태억 89
조형 89
주지번(朱之蕃) 58, 59, 60, 61, 62, 63, 64, 65, 66
중악단(中嶽壇) 12, 16, 18
지리산천은사(智異山泉隱寺) 122

(ㅊ)
창덕궁 92, 104
채제공(蔡濟恭) 27, 28, 30
처영(處英) 76
척주동해비(陟州東海碑) 180, 181, 182, 188
〈천산대렵도〉 40
천은사 122, 123, 124
철종 52
청암수석(靑巖水石) 180, 207
촉석루 143
최익현 52
충효당(忠孝堂) 176, 177, 178, 179, 180

(ㅋ)
큰법당 206

(ㅍ)
풍패지관(豊沛之館) 61, 63, 64

(ㅎ)
하악단(下嶽壇) 12
한산도 143, 144, 146, 147, 150, 173
한용운(韓龍雲) 130, 131, 134
한호(韓濩) 204

『해사일기(海槎日記)』 84, 85
행주대첩 70, 74, 77, 79, 80
행주산성(幸州山城) 70, 73, 77, 78, 79, 80
허균(許筠) 60, 63
허난설헌 62
허목(許穆) 176, 177, 180, 181, 182, 183, 185, 188, 207
현충사(顯忠祠) 160, 161, 162, 163, 164, 165, 166, 167, 168
호산승집(湖山勝集) 63, 66
홍경해(洪景海) 82, 83, 84, 85, 87
홍계희(洪啓禧) 82, 85, 87, 89
홍명희 130
홍치중 89
홍타이지 198
황진(黃進) 73, 74
효종 191, 192, 205
후쿠젠지(福善寺) 82, 83, 85, 87
흥선대원군(興宣大院君) 49, 50, 52, 54, 112, 160, 161, 165

## 참고문헌

### 1. 도서.
『고려사절요』, 김종서 등, 민족문화추진회, 1968.
『나는 조선의 가장 어린 여행작가』, 허경진, 웃는돌고래, 2017.
『덕수궁의 인문학산책』, 황인혁, 시간의물레, 2018.
『李忠武公全書』, 이순신, 경인문화사, 1989.
『미수기언』, 허목, 민족문화추진회, 1979.
『백범일지』, 백범 김구, 도진순 주해, 돌베개, 1997
『삼도수군통제영』, 장한식, 산수야, 2018
『신증동국여지승람』, 이행, 솔출판사, 1996.
『조선왕조실록』, 국사편찬위원회.
『朝鮮通信使往來』, 辛基秀, 역동경제사(일본),
『해사일기』, 조엄 저, 박진형·김태주 옮김, 논형, 2018
『현판기행』, 김봉규, 담앤북스, 2014

### 2. 자료
〈충무공과 현충사〉, 현충사관리소, 2009.
〈명필과 현판〉, 유교문화박물관, 2017.
〈망모당과 우산정사〉, 진천송씨 충숙공파 우산종중, 2014.
〈신원향기〉, 계룡산 신원사, 2021.

### 3. 인터넷
간송미술문화재단 홈페이지
강원도청 홈페이지
경상남도 제승당관리사사무소 홈페이지
국립제주박물관 홈페이지
국립중앙박물관 홈페이지
김만덕기념관 홈페이지
문화재청 현충사관리소 홈페이지
문화재청 홈페이지
삼척시청 홈페이지
완주군청 홈페이지
지리산천은사 홈페이지